GLOBAL UNIVERSITY

全球性大学
发展模式研究

郦 妍 著

上海交通大学出版社
SHANGHAI JIAO TONG UNIVERSITY PRESS

内容提要

　　随着全球范围内的教师流动、学生交换、学术交流等蓬勃发展,一种新型大学发展模式——全球性大学正悄然形成。本书主要介绍全球性大学的产生背景、阶段、概念、特征,从全球公共商品理论、全球本地化理论相关视角对全球性大学属性和范畴等进行理论的剖析和审视;从学生发展、师资开发、课程和研究等角度论述全球性大学的学术质量控制;从校长的领导力、组织架构、资产管理、信息化管理、风险管控、发展模式创新等方面切入讨论全球性大学如何开展行政管理创新。最后,结合我国教育对外开放的背景,阐述我国中外合作办学的现状,就我国如何建设全球性大学提出建议。

　　本书适合对高等教育全球化发展感兴趣的读者阅读参考。

图书在版编目(CIP)数据

　　全球性大学发展模式研究/郦妍著. —上海:上
海交通大学出版社,2023.8
　　ISBN 978 - 7 - 313 - 28850 - 9

　　Ⅰ.①全… Ⅱ.①郦… Ⅲ.①高等教育-国际合作-
联合办学-研究-中国 Ⅳ.①G649.2

　　中国国家版本馆 CIP 数据核字(2023)第 103130 号

全球性大学发展模式研究
QUANQIU XING DAXUE FAZHAN MOSHI YANJIU

著　　者:郦　妍

出版发行:上海交通大学出版社　　　　　地　　址:上海市番禺路 951 号

邮政编码:200030　　　　　　　　　　　电　　话:021 - 64071208

印　　制:上海新艺印刷有限公司　　　　经　　销:全国新华书店

开　　本:710mm×1000mm　1/16　　　印　　张:10.75

字　　数:173 千字

版　　次:2023 年 8 月第 1 版　　　　　印　　次:2023 年 8 月第 1 次印刷

书　　号:ISBN 978 - 7 - 313 - 28850 - 9

定　　价:68.00 元

创建中国特色的全球性大学

　　随着全球范围内的教师流动、学生交换、学术交流等蓬勃发展，一种新型大学发展模式——全球性大学正悄然形成。全球性大学是 21 世纪以来高等教育国际化呈现出的一种新的发展形式和态势。全球性大学在全球建设多个跨国校区，并成为一个有机系统协同发展，其办学目的和行动彰显全球性：开设全球性课程，鼓励全球问题研究，促进师生全球流动，广泛借助信息技术力量，倡导全球学术交流和合作，将国际和多元文化体验与视角全方位地融合入大学教学、科研和服务之中。

　　全球性大学的形成大体分为三个阶段：萌芽阶段、孕育阶段、形成阶段。

　　20 世纪 50 年代中期至 80 年代，以第一所海外分校（美国约翰斯·霍普金斯大学意大利博洛尼亚分校区）的建立为标志，全球性大学的建设拉开了序幕：这一阶段大学海外输出的课程和开设的国际化课程，主要出于政治、外交和国防等因素的考虑，多由政府主导开展。同时，大学尚未形成明确的全球性大学建设战略目标和计划，这一时期海外分校建立的数量和规模都非常小，且不是从大学的全球整体发展战略角度出发而建。

　　20 世纪 80 年代末至 90 年代末，是全球性大学的孕育阶段：西方国家减少对于高等教育的财政投入，于是，西方大学开始采取吸引国际学生、扩大留学生招生的策略来增加收入。各大学积极寻求在全球领域内建立海外学习中心，大学海外分校和学习中心的建设在此时期也进入了快速增长期。然而由于几次经济危机的影响,部分大学缺乏全球发展战略规划和运作,缺乏对校区可持续发展模式的研究,这个时期的海外分校建设呈现快速增长、快速消亡的景象。伴随着全球化时代的到来,政府和大学开始着手面向新世纪进行发展战略的规划,为全球性大学的孕育奠定了基础,提供了可能条件。

到了 21 世纪,全球性大学进入形成阶段:世界各国高等教育在加强交流与合作的同时表现出明显的趋同发展态势,同时又不断强调自己的独特性和本土建构,保持着显著的差异性特征。伴随着全球蓬勃兴起的新一轮的大学海外校区的建设浪潮,一种在全球发展性和本地适切性之间不断协商、对话和建构的新型大学——全球性大学得以确立。在这一时期,全球性大学在课程设置方面,积极开设全球性课程,合作研究携手解决全球问题,培养全球公民;在实体拓展方面,构建全球校区和遍布全球的海外学习网络;在实践层面,时刻以全球化作为大学行动指南。

全球性大学的特征是办学目的和行动的全球性。根据全球一体化与本地反应理论的分析框架,全球性大学目前的发展在全球一体化和本地化之间寻求某种平衡和结合。在学生培养方面,这种平衡主要体现在培养全球公民以及本地的身份认同中;在教师发展方面,这种平衡主要体现在不同类型的教师对应不同的全球本地化发展策略,如管理型教师偏向本地化发展,而科研和教学型教师更偏向全球一体化发展;在课程设置方面,这种平衡主要体现为在以母校为主的全球一体化课程标准中适当结合和融入本地特色,并将融合本地特色后的课程再度列入全球一体化标准,在全球校区中流动和共享。

在全球一体化与本地适切性平衡和结合的具体方式上,各全球性大学之间尚存在差别。如纽约大学构建全球性大学,旨在促进学生全球流动,达到学术质量和标准的一致性。诺丁汉大学构建全球性大学,旨在强化全球活动的参与,加强全球发展与各战略地区的紧密关系。蒙纳士大学构建全球性大学,旨在扩散大学核心竞争力。我国大学在境外办学时,需要考虑全球一体化与本地反应之间的平衡问题以及大学各校区间的协同发展。大学的战略制定要符合和服务于国家战略,依托国家和地方支持,吸引全球资源,正确定位学校的发展,提升大学质量,形成中国特色的全球性大学。

中国高校如何构建全球性大学,在对外开放中走出一条中国大学的自主发展之路?从全球性大学的兴起与发展的现有经验来看,中国大学要创建全球性大学,需要从以下几方面着手。

第一，校区选择要综合考虑全球—国家—本地—大学要素。中国大学构建全球性大学，对境外校区的选择，需要综合考虑全球高等教育趋势、国家和地区的发展战略以及大学国际合作的基础等多种因素，尤其是考虑东道国政策与制度的稳定性，与中国制度的差异性，校址所在区域的经济、文化、教育情况等。

第二，紧密依托国家和地区的支持。这一点主要体现为高校通过建立与中国政府或东道国政府和地区的紧密联系，获得财政支持。大学从而可以将更多精力投入优秀学生和一流师资的招募，确保大学教学与科研质量的提升。

第三，通过全球性大学的建设，致力于提升大学质量。中国仍属于发展中国家，中国大学也处于不断发展提升的阶段。在建设世界一流大学的浪潮中，大学需要通过境外办学的创新尝试，推动自身的发展，提升学生和教师的跨文化视野和体验，促进国际合作。

第四，发挥系统优势，多校区协同发展。全球性大学是一个有机整体，具有系统优势。中国创建全球性大学，需要从各校区的联动和协同发展角度考虑定位和发展，鼓励校区间的多向流动，最大限度地发挥系统优势。

全球性大学是新生事物，仍处于不断发展和变化之中，短短几十年的发展，尚不足以显现其全部特征要素，对于全球性大学的研究，需要持续观察和开展后续研究。全球性大学的全球协同发展缺少相应评价，需要在其逐步发展后进行关注和分析，如各门户校园的排名如何？对品牌的无形资产影响如何？全球一体化和本地反应的合力对于全球性大学发展的影响如何？全球性大学的发展引导方向在哪里？这些问题都需要学者对全球性大学给予更多关注并对其持续观察与研究。

本书的出版希望能够起到抛砖引玉的作用，使更多的同行聚焦全球性大学这一新生事物的研究，并为创建中国特色的全球性大学建言献策，共同推进我国高等教育的发展。

· 目录

第一章

高等教育国际化与"全球性大学"概念的产生

随着信息技术和知识社会的高速发展以及经济全球化步伐的不断深入,世界变得越来越平坦化。2006 年,美国《纽约时报》新闻记者托马斯·弗里德曼出版了《世界是平的》这一畅销书,为 21 世纪初期贴上了"全球化"的标签。全球范围内各行各业对于全球化现象的关注度越来越高,高等教育作为全球知识经济的重要媒介之一,提升自身对于全球化的关注度尤显重要。20 世纪末 21 世纪初,全球化影响着越来越多的大学,全球高等教育机构越来越多地参与国际化。近半个世纪以来,大学学术变革在范围与多样性方面发生了空前的转变[①]。伴随全球市场机制的形成,全球化正在改变大学传统的办学理念、办学模式以及管理运作方式,推进着大学角色和功能的转变,并激发大学管理者和研究人员对高等教育全球化和国际化展开讨论与研究。

在平坦化的世界中,人类所面临的全球共同问题需要全球协同研究和解决。同时,经济全球化的快速扩张及社会的巨大进步使知识和技术得以快速更新,人才需要适应平坦化的新时代,并对不断转变的新时代有所贡献,从而继续推进社会的进步与发展。为了在平坦世界中谋得生存与发展,在竞争中占据

---

① Altbach P G, Reisberg L, Rumbley L E. Trends in global higher education: tracking an academic revolution [R]. France: the United Nations Educational, Scientific and Cultural Organization, 2009.

优势地位,大学作为大规模培养人才、传承知识、培育创新的场所和重要阵地,纷纷针对全球化采取了各种应对措施。虽然各大学对全球化的应对有主动和被动之分,参与有深度和广度之别,但依然不影响国际化成为当今高等教育发展的主流和趋势。

第一节　全球化与高等教育国际化

一、全球化背景下的高等教育国际化

在经济全球化和教育国际化大背景之下,大学间的全球合作与交流增加,全球视野不断拓宽,全球行动不断增加,新一轮的国际化浪潮正伴随着经济全球化向高等教育界汹涌奔袭而来。为了培养具有全球化意识与全球行动力的全球人才,提升国家的全球竞争力,各国在高等教育领域皆有许多尝试和创新之举,而这又进一步推动了高等教育国际化的发展趋势。这一趋势主要有以下几项具体表现。

首先,大学普遍重视打造全球性品牌,积累全球性声望,"国际化"成为大学战略规划的关键词。在众多世界一流大学的 21 世纪发展战略规划中几乎都可以找到"国际化""全球视野""全球行动"之类的字眼。

其次,大学教师和学生在全球范围内的流动显著增加,大学国际化进程加快。根据联合国教科文组织与经济合作与发展组织发布的统计数据①,1975 年时全球外国留学生人数有 80 万,2010 年这一人数超过了 410 万,在 30 余年间,全球外国留学生总人数增长了 330 万。其中,1991 年至 2010 年的 20 年间,全球外国留学生人数就增长了 280 万。跨入 21 世纪后,这一数字呈快速增长趋势。自 2000 年至 2010 年,全球高等教育阶段的外国留学生人数年均增长率达 7.1%。

最后,大学对于全球共同问题的关注和合作研究逐渐增多,表现为设立联合研究中心、发起国际会议讨论。在国外大学中,如剑桥-麻省理工学院研究院的设立,代表剑桥大学与麻省理工学院在整合人力、技术、社会资源,共同开展

---

① OECD. Education at a glance 2012: OECD indicators [M]. Paris: OECD Publishing, 2012.

高水平研究等方面开展了实质性合作。国内大学的中外合作研究也在不断增长。北京大学-耶鲁大学植物分子遗传及农业生物技术联合中心的设立,为两校研究人员搭建了更为便利的国际交流平台。复旦-哈佛医学人类学合作研究中心以举办国际论坛和两校研究人员互访交流、课题合作等方式,在促进复旦大学人类学学科向国际化和专业化发展的同时,推动了医学人类学在中国的发展。2013年,南京农业大学和康奈尔大学共建南京农业大学-康奈尔大学国际技术转移中心,该中心是两校农业科技成果共同管理与转化的平台。2015年,华东师范大学和以色列海法大学合作共建上海-海法国际研究中心,双方约定在脑神经科学、数学、教育科技、计算机及数据管理和环境管理等领域开展多方位合作与共同研究。近年来,大学间类似的全球合作与研究不胜枚举。

二、高等教育国际化中的"全球本地性"

原本高度植根于母国和所在地区的高等教育在全球化背景下不断国际化,而全球性与本地性的交融则使当代高等教育产生了"全球本地性"。"全球性"(global)、"本地性"(local)与"全球本地性"(glocal)是一组意义既相对又相互联系的概念。为了便于读者理解以上概念,进而更好地理解全球性大学的产生背景,本书对这一组概念进行了如下辨析。

"全球性"一词源于拉丁文"globus",指一些正在覆盖或影响整个世界的事情。《韦氏大学英语词典》(第十版)显示,"全球性"一词出现于1676年。1991年出版的《牛津新词词典》把"全球性"一词作为新词收录,但在词条释义上将该词局限于"环境术语"的范畴,也就是将"全球性"视为一个用来表示新的、不同的全球显示环境的词语。

学者西蒙·马金森在论述高等教育在全球框架中的变化层次时,赋予"全球性"一词以新的意义。马金森指出:"(全球性)是指由空间、系统、关系、要素、机构和实体作为一个整体组成世界……它并不意味着总体的或者世界性的,它不需要包括每一个国家和地区的要素,只需要包括国家或者地区跟国际相关的那些要素。"[①]西蒙·马金森对于"全球性"一词的解释,比较符合如今全球化背景下高等教育的新内涵,诸如学者的全球性流动、知识的全球性生产与流动等,

---

① 西蒙·马金森,石卫林. 全球知识经济中的高等教育[J]. 北京大学教育评论,2008,6(3):94-118.

与学界对于全球性的认知和讨论内涵相一致。因而本书所提到的"全球性"将采用马金森的解释。

如果说全球性具有同质性,指向整体,那么本地性则具有异质性,指向整体中的地方。"本地性"一词在英文中具有两个意思,一是指对空间位置特征的描述,表示一个确定的、有限定的空间形式;二是指与一个具体地方相关,或指与普遍和广泛相对应的一个具体的地方特征,也适用于整体之中的部分。从层次上划分,本地性可以分为三个层次:第一是国家化,第二是民族化,第三是地区化。从内容上划分,本地性又可以分为三类:适应本国、本民族、本地区的情况和特性;为本国、本民族、本地区的经济、社会发展服务;传承、弘扬和创新本国、本民族、本地区的文化。由于民族性的特点在高等教育领域较难单独体现,本书研究中涉及的"本地性"仅包括国家和地区两个层面。

全球本地性一词,其英文"glocal"从词源上来说,是由"global"和"local"两个词缩合而成的截搭词,最初来源于一个日语概念"どちゃく(土着)"(读作"dochaku"),意思为"生活在本土"。"glocal"起初只是一个商业术语,表示既是全球的也是本土的,以全球的眼光看市场,但是立足于本土思考问题。换言之,全球本地性一词兼具两重意思,分别指全球视野、本土依归(think global, act local)的"全球本地性"以及本土思考、全球行动(think local, act global)的"本地全球性"。在本书中,全球本地性的含义是"全球性"与"本地性"的融合,也是兼具以上两重含义,既注重全球与本地的同质性,也注重两者的异质性。高等教育在国际化过程中衍生出的全球本地性一方面拓宽了各大学的办学眼界,促使它们积极开展国际交流,从世界各地引入新的知识、人才(包括学生和教师)和办学理念;另一方面,则使它们立足于所在地区的基本情况,适应全球化和高等教育国际化带来的地方环境改变,回应这一变迁对高等教育办学提出的新要求和新挑战。在全球化时代,高等教育的全球本地性为全球性大学的产生提供了必要的支持和保障。

第二节　海外分校与门户校园:全球性大学的雏形与基础

一、海外分校

海外分校是全球性大学办学实体构成形式的重要组成部分,是高等教育全球化背景下,伴随跨国高等教育发展而兴起的一种高等教育全球市场的新型进入模式。跨国高等教育普遍被认为是高等教育国际化的最高阶段,而海外分校的成长与发展又是跨国高等教育中的最新形式①。因而,海外分校获得了高等教育领域管理者和研究人员的更多关注。

国内外教育学界对之已有一些研究和定义的描述。经梳理,较为有代表性的观点有如下几种。美国纽约州立大学奥尔巴尼分校跨境教育研究小组认为,海外分校是一个至少从事面授教学活动的学术实体,由或至少部分由一家外国教育提供者所拥有;以该外国教育提供者的名义运行,并提供由该外国教育提供者授予的证书②。无边界高等教育观察组织认为海外分校是源于某高校或由该高校运作的,位于另一个国家的高等教育实体机构,且该机构在分校所在国至少有一个主校授权学位权③。学者史蒂芬·威尔金斯和杰伦·豪斯曼认为海外分校可以定义为一种教育设施,由外国教育机构所拥有或至少部分拥有,以外国教育机构的名义运行,学生可在此获得面授教学,并获得以该外国教育机构名义颁发的资格证书④。美国教育协会将海外分校定义为一个有自己校舍、在一个区别于其母校所在地的国外地区提供学生面授教学指导的教育机构。这个海外分校通常包括教室、图书馆、食堂,有时还具备一些娱乐设施和学生宿舍。海外分校在母校的名义下运行,提供以母校名义授予的学位证书。它通常提供多个研究领域的课程,有固定的行政工作人员和学术教职人员⑤。学者赵丽在研究中将海外分校定义为:某国一个已成立的大学(公立大学、私立非营利大学或私立营利大学)在另一国建立的向第三国或者海外学生提供课程并授予学位的分支校园⑥。学者苏洋与赵文华在综合比较英国无边界高等教育观察组织、美国纽约州立大学跨境教育研究小组等研究机构以及菲利普·阿特

---

① Healey N M. The challenges of managing an international branch campus: an exploratory study [D]. Bath: University of Bath, 2015.

② 纽约州立大学奥尔巴尼分校跨境教育研究小组, http://cbert. org/resources-data/intl-campus/.

③ 无边界高等教育观察组织, http://www. obhe. ac. uk/.

④ Wilkins S, Huisman J. The international branch campus as transnational strategy in higher education [J]. Higher Education. 2012, 64(5):627-645.

⑤ Wilkins S. Who benefits from foreign universities in the Arab Gulf States? [J]. Australian Universities' Review, 2011, 53(1):73-83.

⑥ 赵丽. 澳大利亚发展海外分校的实践与经验[J]. 全球教育展望, 2014(8):74-82.

巴赫等学者对于海外分校的研究后,指出:海外分校首先必须是一个(独立运营或与他方合作经营的)实体机构,该实体既可以是实体校园(campus),也可以是大学的某个场所(building)或几间房间(office);教学形式必须包含面授;须授予主校的学位,不包含证书项目①。

在对海外分校进行概念界定的基础上,学者和研究人员还对高等教育机构开办海外分校的动机、策略,海外分校的发展、管理,海外分校面临的危机和风险控制,海外分校的未来发展等问题进行了一些探讨。

(一) 高等教育机构开设和选择海外分校的动机与发展策略

海外分校的开设需由来自大学、东道国政府、学生等不同层面的需求共同驱动方可完成。大卫·斯坦菲尔德通过研究美国德州农工大学卡塔尔分校发现,对于某所大学而言,开办一所海外分校需要综合考虑多方面的因素,具体包括能承担所有开办费用的主办国赞助方的邀请、大学具有全球扩张的雄心、获得东道国政府的大力支持等②。

第一,从大学层面而言,希望获得经济、学术、声誉等方面的收益,是驱动其开设海外分校的主要动机。首先,财政收入方面的激励被普遍认为是首要驱动因素。在本国政府财务支持日益减少的情况下,一些大学将开办海外分校所获得的高额学费收入、东道国政府补贴视为额外的收入来源。大学通过东道国提供的研究资助和与本地国立大学或地方产业建立合作伙伴关系,可以有机会获得额外收入。劳顿等人于2012年在一份报告中指出,全球现有的200所海外分校中,有61所获得了东道国的某种形式的财政支持,87所没有获得任何支持③。由于财务方面的数据难以获取和验证,无法确定其他52所是否获得过这方面的财政支持。即便在获得东道国支持的61所海外分校中,有23所也不是非常确定是否真正获得了财政支持。颇为遗憾的是,大部分讨论财政收入是否是大学开设海外分校驱动力的文献既没有具体案例,也没有实际财务预测和

---

① 苏洋,赵文华.世界一流大学发展海外分校的特征与启示[J].教育发展研究,2013(23):33-38.

② Stanfield D A. International branch campuses: motivation, strategy, and structure [D]. Boston: Boston College, 2014.

③ Lawton W, Katsomitros A. International branch campuses: data and developments [EB/OL]. (2012 - 01 - 12)[2015 - 12 - 28]. http://www.obhe.ac.uk/documents/view_details?id=894.

预算分析,而这些信息将会有助于我们确定大学在预期收入达到何种水平时才会有开办海外分校的动力。公立大学尚可能因法律义务而公开预算或披露与本地合作伙伴协议的细节,而私立大学很少会发布这些信息。

在海外分校是否可以成为产生收入的一种可行性和可持续性选择方面,学者们存在不同意见。由于开办海外分校的大学和东道国的财务情况较为庞杂,海外分校的学费收入和东道国财政补贴不一定能为大学提供稳定的额外收入。有些研究报告说,一些海外分校盈余低于预期会导致大学重大损失。如纽约大学帝势艺术学院的新加坡校区,2015 年宣布因重大财务困难关闭。2008 年全球金融危机影响了那些主要依赖学费收入的海外分校,如迪拜经济受到重创,导致当地海外分校陷入困境就很好地证明了这一点。然而尽管经济在衰退,海外分校学生的申请数在下降,一些大学仍在推进其开办新校区的计划。海外分校的办学经费承担模式有两种,一是全部由东道国承担,二是由东道国和海外分校共同承担,这取决于东道国和主办大学双方的动机和战略。以培养国家劳动力,发展知识经济为动机且富有的东道国,往往会承担海外分校的大部分运营支出,甚至会给公民提供丰厚的奖学金,如卡塔尔卡耐基·梅隆大学、纽约大学阿布扎比分校。马来西亚砂拉越州的一所澳大利亚海外分校则采用了混合模式,即东道国负责校区的建设投资和运营成本,分校通过收取学费而承担剩余的开支。从理论上讲,母校在这两种情况下都不需要为海外分校支付任何费用,海外分校受学费收入的驱动,希望产生超额收益或者最起码保本。当设立海外分校时,主办大学也会有一些不可预见的费用发生,诸如教职人员花费时间与东道国政府谈判、招募新的教师和管理人员、适应当地学术课程等产生的成本。海外分校的财务管理具有复杂性,需要我们开展更多的研究,以详细分析海外分校发展成功或失败的情况。

其次,学术方面的收益,是大学开办海外分校的另一个驱动因素。在全球化的时代背景下,许多大学认为在联系日益紧密的世界中,生存之道是增加国际合作,拓展国际关系,而开办海外分校是实现这一目标可采取的策略之一。一些大学开设海外分校的目的是增加学生和教师与不同文化的接触,并促进彼此相互理解。从学术角度看,一些大学希望教师接触到不同的文化,认为此举有利于拓展他们的国际视野,并能促进开展与国外的研究合作。此外,一些东道国提供了颇具吸引力的全新研究机会,启动合作研究项目,以吸引优秀的师资以及一流大学来本国开设海外分校。越来越多的研究和开发工作也通过共享知识产权、发展新产业以及创新发现而获得更多同行的认可。

最后,追求声誉的提升,是大学开设海外分校的第三大驱动因素。已经开办海外分校,或大力提倡和实施其全球创新与扩张战略的大学,会让同行感受到竞争压力。这方面的研究主要采用商务理论和组织理论分析大学开设海外分校的策略,值得我们关注。

高尔用企业战略方面的理论来探讨跨境高等教育,尤其是各大学开办海外分校的策略。他认为,大学发展计划中通常缺少国际性的战略规划,大学如果围绕核心任务进行长期战略规划,将会从中受益①。学者们普遍反对高等教育商业化,却会毫不犹豫地采用商业框架和模式追求国际化。此外,受高等教育的复杂性、利益相关方较多、准入市场条件严格等因素的制约,高等教育的组织结构与战略管理方法尚未实现有效融合。高尔提出了三种高等教育国际活动模式。

一是大学全球网络模式。该模式旨在建立一个战略性地分布于世界各地的实体,让学生在校园之间自由地流动。纽约大学基于这一模式建立了多所分校,目前该校在阿布扎比和上海建有门户校园,并建有一系列海外学习中心。美国教育营利机构劳瑞特也遵循类似的策略,但其不建立新的门户校园,而是收购已有的国外大学。以营利为目的的劳瑞特努力保留这些大学机构的本地身份,同时通过背后协调,将这些大学组成高效运行的网络。纽约大学的模式侧重于提高学生的流动性,而劳瑞特则试图通过大型管理网络,实现资本的规模经济化。

二是广泛网络模式。这一模式是指大学利用更为普遍的网络策略,与重要战略国家或地区建立伙伴关系。该模式的重点是更为广泛和深入地参与全球活动。英国诺丁汉大学遵循了这一模式,其在马来西亚和中国建立了门户校园。这些海外分校招募本地或周边地区的学生,较少强调学生在校区之间的流动性。

三是全球产品模式。这一模式主要指大学试图将核心竞争力扩散和覆盖到更广泛地理区域的海外办学模式。大学遵循这种模式建立的海外分校,往往

---

① Gore T. Higher education across borders: models of engagement and lessons from corporate strategy [EB/OL]. (2012 - 04 - 18) [2016 - 10 - 20]. http://www.obhe.ac.uk/documents/view_details?id=895.

仅提供一两个优势学科专业。乔治城大学在海湾地区建设的卡塔尔分校就是一个典型的例子。

威尔金斯和豪斯曼采用了制度理论中的概念,试图用符合规范合法性期望的结构、习俗和信仰,对于大学为什么决定开设海外分校以及如何开办海外分校进行解读。他们用文献分析法来确定大学开展海外分校的动因,并发现了六大核心要素:合法性、地位、制度差异、风险承担、风险规避、获得新的收入来源①。其中,关于制度差异的概念,他们尝试从东道国环境入手分析海外分校策略影响的理论,在其他类似主题的研究文献中尚未提及,较为新颖。

威尔金斯和豪斯曼根据母校所在国和东道国制度差异性、制度不确定性两大维度以及两者程度高低所构成的四分图,分析大学选择建立海外分校与否的策略。分区一:在母校所在国和东道国的监管、规范和文化认知环境(制度差异)存在显著差异,并且东道国的组织环境不发达(制度的不确定性高)时,大学很可能会避免建立海外分校;分区二:当制度差异程度高,并且制度不确定性程度低时,大学更可能考虑建立分校,并希望调整结构和程序以适应东道国的制度环境;分区三:当制度差异程度和制度不确定性程度两者都低时,建立分校的风险较小,大学的结构和程序可以直接从母校移植到分校;分区四:当制度差异程度低,制度的不确定性很高时,创建海外分校的风险处于中等程度。威尔金斯和豪斯曼建议大学可与本地政府开展合资合作,或者积极争取政府资助,从而规避风险。他们还认为,制度差异的概念对于海外分校降低风险策略的解读具有显著意义,它有助于理解大学为什么要避免在一些国家开办海外分校,为什么要与一些国家开展特定伙伴关系的建设。通过审视引进海外分校的东道国制度差异和制度不确定性程度的高低,威尔金斯和豪斯曼认为开办海外分校采用最普遍的策略是低风险的全盘移植策略或结构调整策略。

此外,制度适应或合作程度是影响大学是否开办海外分校的又一重要因素。斯潘格勒和泰勒在一份研究中描述了休斯敦社区学院在确定两大国际伙伴——卡塔尔和越南时的境况②。社区大学具有了解和适应社区需求的传统,

---

① Wilkins S, Huisman J. The international branch campus as transnational strategy in higher education [J]. Higher Education, 2012,64(5):627 - 645.

② Spangler M S, Tyler A Q. Identifying fit of mission and environment: applying the American community college model internationally [J]. New Directions for Higher Education,2011(155):41 - 52.

确定制度适应的过程,可能比四年制的大学更加自然。然而这一过程对所有类型的大学是同等重要和有效的。评估制度适应程度的方法之一是分析合作伙伴的地理位置和性质。例如,休斯敦社区学院与休斯敦的石油和天然气行业有着紧密联系,学院认为国际伙伴需要和能源行业有关系。因此卡塔尔最终成为其最佳合作伙伴。休斯敦社区学院首家海外合作伙伴是越南的西贡技术学院,这是因为越南战争后,很多越南难民搬到休斯敦,并在休斯敦社区学院就读。这些越南难民与休斯敦社区学院的关系在他们回国后仍然保留下来,并促成了休斯敦社区学院与西贡技术学院的合作。虽然无法列举所有可能影响制度适应性的因素,斯潘格勒和泰勒建议,大学需要建立更多合作关系,而不仅仅是为了金钱和声望。

第二,从东道国政府而言,邀请国外大学开办海外分校需要投入大量的时间和精力,因此各国必须在与国外大学签订协议之前确定能从中获得实质利益。虽然大众媒体通常较多关注作为教育输出方的大学母校之利益,但事实上,东道国也是海外分校的受益方。东道国吸引国外大学开办海外分校的动机和策略与国家发展战略定位紧密相关。东道国可以从中获得的实质性利益,或者说激励因素,通常来自以下四个方面:一是希望借助外来高等教育机构来弥补本地高等教育市场供应的某些不足;二是提升本地高等教育水平及高等教育国际化水平;三是培养适应国际市场的全球性人才,形成人才智力集聚效应,提升本地经济服务水平;四是提升国家和区域综合竞争力,提高国家威望。

首先,东道国认为海外分校可以弥补本地高等教育市场供应的某些不足,提升当地高等教育能力并增加民众接受高等教育的机会。这点在海湾地区国家尤为明显。海湾地区国家在近 40 年里人口猛增,各种形式的跨国高等教育极大地提高了当地高等教育的水平。海湾地区国家的人口构成特性之一是拥有很大比例的外籍工作人员。海湾地区国家由于很多的公立大学不向外籍人士开放,这些外籍工作人员子女一般需要返回祖国接受教育。而海外分校则为这些外籍工作人员子女教育问题提供了一个本地解决方案。如果不是这种特殊情况产生的教育需求,大学也可能无法在此开办海外分校。例如,卡塔尔有 170 万居民,其中只有 30 万是本国公民,当地海外分校的生源主要以外籍居民为主。

其次,东道国引进海外分校的另一动力是提高国内高等教育的整体质量。威尔金斯提出,高质量的海外分校具有鲶鱼效应。通过直接竞争,海外分校不仅会迫使本地其他大学提升教学质量,同时也会鼓励政府制定更高的教育质量标准。例如在卡塔尔,国际教育城的存在无疑对卡塔尔国立大学提升教学和研究标准产生了压力。

再次,东道国认为海外分校可以培养适应国际市场的全球性人才、形成人才智力集聚效应,提升本地经济服务水平。一些国家希望海外分校能帮助培训有助于建立知识经济社会的人才。这些国家经常鼓励国际学生毕业后留下来工作,为本地经济做出贡献。比如新加坡,国家鼓励海外分校建设和扩张,以帮助国家发展经济。东道国引进高质量的海外分校,可以减少出国留学的人数,从而减少本国人才流失。此外,东道国引进海外分校有助于建设区域教育中心,区域教育中心由各种教育实体组成,其中大多是来自世界各国的海外分校。东道国建立区域教育中心的动因和引进海外分校的动因是相互关联的。为了吸引国外大学入驻教育中心,一些国家建立了自由贸易区,在自由贸易区中开设的海外分校可以免受国家质量保证法规的管制。教育中心的好处超过了国外大学和东道主国家直接开办私立大学。在迪拜和马来西亚的教育中心,私人或准政府性质的房地产开发商通过掌管海外分校的租赁权或增加学校周边物业的价值而获得利益。因此,潜在的财政收入也可能是东道国引入海外分校的另一个动因。但是这种动因还有待讨论,因为几乎没有什么案例和数据表明海外分校会显著增加东道国的财政收入。

最后,东道国通过引进海外分校以提升自身的区域或全球形象。如卡塔尔基金会发起的国际教育城项目,该项目根据本地的需要,引进了 6 所著名的美国大学前来开办分支校园。这是国家集中打造著名高等教育"品牌"的典型案例。国际教育城项目的发展,有助于从根本上改变和提升卡塔尔的形象。

毫无疑问,以上四点是东道国引进海外分校的基本动因。然而,这和大学层面开办海外分校的动因类似,都存在同样的问题,即少有实证研究去证实这些因素是否存在实际影响,也没有关于这些预期的收益在现实中是否达成的具体报告。莱恩和金瑟在研究中指出了一个有趣的现象,即海外分校具有公共性和私有性的双重属性[①]。一方面,母校建立海外分校是为了提升收入、学术声誉和全球存在,这些主要是私有属性方面的动机;另一方面,东道国引进海外分

---

① Lane J E, Kinser K. Multinational colleges and universities: leading, governing, and managing international branch campuses [M]. Jossey-Bass, 2011:1037-1077.

校的主要动机是促进公众利益,希望海外分校可以提升劳动力质量、经济发展水平和教育标准,这些是公共属性方面的动机。卡塔尔国际教育城中一所海外分校的校长强调,与美国母校的私立性质形成鲜明对比,卡塔尔分校被赋予一种期望,即参与本地社区建设,扶持产业发展。

第三,从学生的角度而言,选择海外分校的动机主要来自名校品牌价值的吸引力、文凭在就业市场的认可度、文化的适应度、交通费用的节省。声誉、质量和排名被认为是影响学生选择就读大学的最主要因素。这表明,海外分校应着眼于这些影响因素,从而形成可持续的竞争优势。

威尔金斯和豪斯曼通过对阿联酋外籍劳工人员的子女选择大学的策略研究发现,影响这些外籍人员子女选择大学的最主要因素,是他们渴望归"家",希望在今后永久定居的国家学习,在和他们的家庭成员住在一起或靠近的地方,选择学费、住宿和生活开支最少以及他们感到最舒服的地方学习。对于离开阿联酋的学生来说,排名和大学声誉是选择就读大学的关键因素。留在阿联酋的学生更易相信家人或朋友的口碑。研究的结论是全球流动的生活方式对于外籍劳工人员子女就读大学的选择有着显著影响。

对于学生选择申请和就读海外分校的动机和策略方面的研究文献不多。2009 年英国无边界高等教育观察组织的报告列举了可能会吸引本地或周边地区学生选择海外分校的一些因素,如不出国门接受国外文凭教育的机会、节约学费和生活花费的考虑以及可以继续全职工作的可能性。为了吸引学生,大学海外分校授予的学位和母校完全一样,不会显示母校和分校的区别。威尔金斯和豪斯曼于 2011 年面向一所英国大学中的 160 名国际学生进行了"影响学生选择海外分校的因素"的调查,这是为数不多的关于海外分校的定量研究之一。研究发现,声誉、质量和排名被认为是影响学生选择就读大学的主要因素。从阿特巴赫"推拉理论"的角度出发,这一研究结果表明,推动因素(如国外大学的声誉)比拉动因素(如东道国国内大学质量较低)更为重要。但这项研究主要聚焦国际学生的选择,而不是本地学生就读于海外分校的动机。除了招收国际学生以外,海外分校的入学招生部门经常以本地学生为目标,这就显示出该研究的局限性。此外,事实上,由于调查的结果仅仅是从英国的一所大学的学生样本研究中获得的,其结果是否具有普遍性值得商榷。因为在国别差异的影响下,学生在择校时有可能具有不同的动机。

在海外分校的发展策略方面,大卫·斯坦菲尔德的案例研究发现,海外分校早期筹备组的教职员工具有创业精神,海外分校的运作基本独立于其母校①。虽然在海外分校的建设后期,推动其与母校区建立更多、更深入、更紧密的联系具有一定的难度,但这对于分校建设发展非常重要。为了海外分校可以获得持续发展所需的必要支持,同时确保分校的办学质量,分校的管理者必须要考虑复制母校的各种制度要素时的本地适应问题。譬如在学术方面,分校课程虽只是将母校课程稍作修改,但上课内容和教学方法需要更加适应本地学生的独特需求。

(二)海外分校的管理

海外分校的管理远比一般高等教育机构的管理复杂。因为海外分校的管理者面临监管更为严格的教育环境,需要适应东道国不断变化的政策。管理者必须适应国外的商业和文化环境,并在多元环境下平衡好内部和外部各利益相关方的各种需求。不同的利益相关方具有不同的目标,管理者需要不断地在这些利益相关方中切换和平衡力量。即便是非常有经验的学术管理者,也可能会遭遇各种远超其承受范围的挑战。斯坦菲尔德对于建立海外分校的大学提出了一个管理方面的建议,即大学要吸取教训,让教师、学生等做好更多这方面的准备,并需要多多支持下属的管理者们。

在海外分校从事教学和科研的教师队伍中,外籍教师是重要的群体之一。一项对于一所位于中国的海外分校工作的外籍教师们展开的访谈研究发现,很多外籍教师对于在分校所在地固有的结构和文化差异中开展学术活动和工作仍然准备不足。承认在不同文化语境中从事教学和研究的差异性和难度,并充分认识到在工作中可能会遇到的背离专业发展的情况,对于成功建设海外分校而言是至关重要的。

海外分校的管理涉及方方面面的内容,既有内部的管理,也有外部的协调。由于海外分校涉及的利益相关方较多,又处于多元文化环境之中,在学生管理、教师管理、课程管理、质量管理、风险管理、资产管理等方面皆应考虑跨文化和本地适应要素。目前在这些方面的研究比较欠缺。此外,由于全球化背景以及发展的类似性,关于海外分校和跨国集团的比较分析,也是一个可以入手的方面。

---

① Stanfield D A. International branch campuses: motivation, strategy, and structure [D]. Boston: Boston College, 2014.

（三）海外分校面临的风险

在海外分校面临的风险方面，威尔金斯和豪斯曼在分析开办海外分校的动因时指出，母校所在国和东道国制度差异大且制度不确定性高时，需要避免开办海外分校，以避免风险；制度差异小，但不确定性高时需要寻求本地支持以降低建设海外分校的风险。在他们的研究之外，还有一些文献陆续提到某些海外分校开办失败并关闭的案例。如纽约大学帝势艺术学院新加坡分校关闭、哈伊马角乔治梅森大学关闭、美国在加拿大开办的德福瑞大学和凤凰城大学关闭、新加坡新南威尔士大学关闭等。这些海外分校的关闭给大学造成了一定的财务风险。

关于海外分校的风险，除了财务风险，还包括东道国的政策风险、组织风险、人力资源风险等多种风险。此外，已有的研究大多是关于分校关闭实例结果的描述，并未有关于风险形成原因、预警和应对风险的方法方面的阐述和分析。这些研究大多是基于已关闭的海外分校的结果陈述，具有滞后性。目前的研究还没有关于海外分校正常持续发展所应避免的风险方面的积极建议和可资借鉴的措施，缺少现实指导意义。因而，在这方面仍有许多内容值得我们开展进一步研究。

（四）关于海外分校的未来展望

近年来，不仅发达国家倾向于建立海外分校，越来越多的发展中国家也加入海外分校的建设行列，所以竞争越来越激烈。随着时间的推移，海外分校面临的问题将越来越凸显，海外分校未来的发展将受到一系列因素的制约。一方面，海外分校面临竞争加剧的市场，学生、家长、政府等利益相关方随着对国外大学了解程度的加深，尤其是对母校了解的加深，对海外分校的专业设置、管理等方面的期望也会随之增长；另一方面，随着东道国的情况不断变化，海外分校未来的市场难以预测。东道国监管日益严密，海外分校发展承受着巨大的外部压力。如约翰斯·霍普金斯大学在新加坡开办的医学院分校被取缔，原因是该分校未能兑现其向新加坡政府承诺的培养目标。

与此同时，海外分校在教师质量、学生质量等内部因素方面也存在着危机。一方面，母校的师资和授课方式以及先进的管理模式，无法在海外分校复制。由于科研环境、升职机会的不对等以及子女教育、配偶工作及其他家庭方面问题的顾虑，海外分校对教师和管理人员难以形成吸引力，留不住人才，这就导致海外分校在教育和管理方面难以与母校保持完全一致；另一方面，伴随全球合作和交流的加深，在学生有更多选择的前提下，海外分校生源质量和规模形成一对矛盾，招生或将受影响。

基于上述种种原因，一些学者认为海外分校未来可能面临不可持续发展的严峻问题。在已经创设海外分校的国家，分校在未来一段时间的前景尚不明朗，前途堪忧，可能会遭遇意想不到的困难。与这些困难伴随而至的将是大学学术声誉的损害、经济损失、低劣的学生服务。2009—2012 年间，全球仅有 38 所新开设的海外分校，与 2006—2009 年新增 80 所的数据相比，这一增长比例有所下降，海外分校数量急剧增长的趋势有所缓和。有些学者认为，未来海外分校的数量仍然会持续增加，但海外分校的质量将逐渐成为人们关注的重点。海外分校的可持续发展，需要更好地进行质量认证和监管。还有一些学者对海外分校进行了调查，如威尔金斯等人从项目有效性、教师的质量、学生学习、评价和反馈、学习资源、技术的使用、设施/社会生活七个维度，对海湾地区的海外分校学生的满意度进行了调查，发现学生对当地海外分校基本持满意态度[1][2]。调查结果驳斥了一些文献对于海外分校质量、政治或意识形态问题等方面的批评。

关于海外分校的研究在高等教育领域、跨国教育领域、教育管理领域仅是开端。虽然学界在分校的开设动机、策略、管理、风险等方面已有一些研究，但是总体研究仍然非常有限。目前尚没有将母校、分校看作一个发展的整体，从系统的整体性出发，考察由海外分校组成的全球性教育实体的研究。这无疑是全球化背景下国际教育研究的重要方向。

二、从海外分校到门户校园

在回顾了关于大学开设海外分校的动机和影响因素，海外分校的管理、面对的风险和未来展望的既有研究后，本书研究认为，将作为全球性大学构成形式特征之一的主体——海外分校描述为全球性大学体系的各门户校园（portal

---

① Wilkins S. 'Home' or away? The higher education choices of expatriate children in the United Arab Emirates [J]. Journal of Research in International Education, 2013, 12(1): 33 - 48.

② Wilkins S. Who Benefits from Foreign Universities in the Arab Gulf States? [J]. Australian Universities' Review, 2011, 53(1): 73 - 83.

campus)更为妥当,更能凸显现阶段高等教育以全球化目标为定位,整体协同发展的特点。门户校园这一概念最早由纽约大学管理者提出,用以形容纽约大学分布全球的教育体系中的各分支校园。美国纽约大学、纽约大学阿布扎比分校、上海纽约大学都可视为纽约大学的门户校园。在他们看来,全球的纽约大学体系是一个有机联系的整体,每一所分校都是进入这一高等教育有机体的门户或入口。每一座门户校园都对整个纽约大学全球系统有所贡献。海外分校一词将分校相对于主校分开表述,主观意识上就有了从属之分。而在高等教育国际化背景下,为了体现机体的整体性,笔者更倾向于用"门户校园"一词来表述大学遍布全球的各校区。此外,"门户"是信息技术中常见的一种描述,门户校园也反映了信息技术时代大学的办学特点。

本书研究认为,对于全球性大学这一研究对象以及在全球性大学的研究领域中,门户校园是指全球性大学在全球范围内建立的至少是实施面授教学的实体校园,颁发该全球性大学体系的文凭。各实体运作既相互独立,又在统一标准下互有交叉和交流,各实体共同构成全球性大学的校园体。考虑校区建设的先后、文化传统、声誉、对术语的熟悉程度等因素,本文在研究全球性大学遍布全球的校园时仍会交叉使用"海外分校"和"门户校园",但这两个词语在本书中的内涵是相同的,仅指向的外延稍有区分。在需要区分母校区和分校区时,使用"海外分校"来表述全球性大学除母校区以外的各实体校园;在不需要强调主校区和分校区区别的情况下,则使用"门户校园"来表述全球性大学的各实体校园。

第三节　全球性大学：高等教育国际化的新趋势

一、"全球性大学"概念的诞生

全球化进程的持续推进对高等教育国际化水平提出了更高要求,这种要求显然是"海外分校"无法有效回应的。在以上情况下,"全球性大学"的概念便应运而生。对于"全球性大学"这一概念的提出和探讨,关注较多的首先是一些世界一流大学的校长们。1992年在美国举办了一场主题为"美国高等教育面临的国际挑战"研讨会,与会的大学校长们便提出要创办"全球性大学"。

2001 年,耶鲁大学的理查德·莱文校长率团访华时,在北京大学发表演讲,首次提出了他对"全球性大学"这一概念的见解,并介绍了耶鲁大学在保持文化多样性方面所做的努力,具体包括开设与国际事务相关的课程和 50 多种语言课程、主持致力于解决全球迫切问题的国际研究和项目、重视研究生教育国际化特点、利用新型科技扩大大学影响力等。2003 年,他再次访问中国时,在国家行政学院发表了《创建全球性大学:从学生交流到合作》的演讲。在这次演讲中,他介绍了全球性大学所应具备的四个基本特点:国际学生在全校人数中的比例应该增加;教学和研究中增加国际性的内容;同世界其他大学合作,形成广泛的合作关系;通过日新月异的通信技术同全世界的受众沟通。他还特别强调了学生交换项目的重要性和跨国学术教育机构间进行交流的重要性。

2003 年 11 月,时任英国布里斯托大学校长的埃里克·托马斯爵士在《泰晤士高等教育》上发表了一篇文章,其中提到了全球性大学的概念,并就全球性大学所应具备的特点进行了阐述。文章指出,一所大学并不是开展各种国际合作就能称为全球性大学,全球性大学必须具备如下条件:获得同行和国家决策者的认可(首要条件);研究、教学、教师、设施、领导和治理等全方位卓越(最低要求);追求创新的全球研究(最基本的特点);将教育材料和课程项目全球发行;接待国外访问学者的频次高,范围广;具有一定比例的外籍教师和国际学生;教师参与联合国等国际组织的政策制定,解决全球问题;与全球企业进行互动与合作。

2011 年 8 月,在深圳举办的世界大学校长论坛上,美国纽约理工大学校长爱德华·奎里亚罗斯提出,全球性大学是一种新型大学,它们在世界各地设有分校,学生可以在世界上不同的地方学习,但提供同一套课程,授予同一个学位,由同一套管理班子来管理,在全球有同一套评估的体系,以确保各个分校的教育质量跟母校一样。学生、教职员工的思想可以不断地交流,能够融会贯通各种知识,带来真正全球化的教学内容。美国纽约大学校长约翰·塞克斯通在任时提出要将纽约大学建设成全球性网络协作大学,并提出纽约大学的每所分校都是纽约大学系统的门户分支校园,学生在这一全球性网络协作大学中可以跨校进行课程选修、交流。

曾担任《美国新闻与世界报道》教育编辑的本·韦德伍斯基基于其在中国、美国、印度、西欧国家、中东国家的大量访谈,为读者描绘了一幅全球性大学如何重塑世界的图景。他撰写的《智力大角逐:全球性大学如何重塑世界》一书,指出人才的全球竞争、大学分支校园、创建世界一流大学、世界大学排名、营利性机构和全球范围内思想的自由贸易是当今全球性大学的主题。

"全球性大学"这一概念还很模糊,解释也不尽相同,目前尚没有学术界广泛认可的准确定义,有时会和"世界一流大学"互换使用。加拿大不列颠哥伦比亚大学校长斯蒂芬·图普教授于 2013 年 12 月 29 日在中国国家教育行政学院作了题为"如何创建全球性大学——以 UBC 为例"的演讲。演讲中,他将全球性大学与国际一流大学的概念相提并论,提到吸引人才和国际合作是建立国际一流大学的两大要素,同时强调了营造计划性和挑战性文化氛围是创建国际一流大学的重要举措。北京大学的学者马万华在其研究中提到了全球性研究型大学,该研究以加州大学伯克利分校为例,剖析了全球性研究型大学的形成动因、形成过程和发展特征。然而,该研究中所提到的全球性研究型大学主要关注大学科研项目的投入与知识生产创新,展现更多的是创新型大学形成和发展的图景,因而虽然研究对象名称为全球性研究型大学,但是相对于本文对于全球性大学的界定而言,其概念的内涵与外延都不尽相同,需要予以区别。

二、仍处于形成中的全球性大学

对既有研究的回顾结果表明,虽然目前部分学者围绕全球性大学相关的要素和内容,如大学全球化战略、海外分校等发表了一些著述,但"全球性大学"这一概念仍处于形成中。同时,我们发现全球性大学这一新型大学的出现,已经引起了部分比较教育界研究者的关注。世界比较教育学会联合会的主席、美国加州大学洛杉矶分校的卡洛斯·托里斯教授便是其中之一。他通过观察和研究,提出了全球性大学的特征,并从全球终身学习、全球研究和推广、全球声望建立、全球公民参与和全球服务等关键维度,探讨了全球性大学的角色和功能。他还提倡将如何发展全球性大学列为 21 世纪高等教育面临的一项巨大挑战和重要课题。英国发展教育协会组织编写了一套关于全球性大学的文集,该套文集关注的重点是大学本身的全球化,论述了全球性大学的愿景和目的。文集通过提供大学案例以及细致的分析,从课程的角色、管理者的角色等多方面、多角度详细论述了全球性大学的特性。

然而,由于全球性大学仍处于形成中,这一概念也需要与时俱进地进行更新,而这也是本书关注的主要问题。为此,笔者首先在回顾迄今为止的全球性大学发展历程的基础上,从全球公共物品理论、系统论、全球本地化理论视角对全球性大学崛起的背景和属性进行深刻剖析；其次，对全球性大学的管理实践进行分析，并在此基础上概括和突出全球性大学关键领域的管理特色，如全球性大学的学生、教师、学术质量、课程、研究等；再次，对全球性大学在校长领导力、组织结构、资产管理、风险控制等行政管理方面的创新进行盘点；最后，总结全球性大学现阶段的发展模式特色和管理中存在的共性问题，为我国中外合作大学的办学，尤其是对外开放背景下我国大学跨境办学以及探索我国高等教育对外开放的路径，深化我国高等教育改革，提升国家竞争力提供有益的借鉴和启迪。

在章节布局方面，本书共有七章。其中，第一章介绍本书的研究背景，并提出"全球性大学是什么"的研究问题；第二章回顾全球性大学的产生背景和发展演变历程；第三章则在第二章的基础上，从相关的理论视角对全球性大学的属性和研究进行剖析和审视，并从中归纳总结现阶段全球性大学的内涵；第四章和第五章对全球性大学的建设工作进行实践层面的探讨和分析比较，第四章归纳全球性大学学生、教师、学术管理等学术发展相关方面的特色，第五章重点论述全球性大学的行政管理创新，包括组织管理、资产管理、风险管控等的创新；第六章提炼现阶段全球性大学发展特色以及面临的问题与挑战；第七章从全球性大学的视角，结合我国高等教育对外开放"引进来"和"走出去"的现状，探讨我国高等教育在全球化、国际化背景下如何进一步对外开放，建设属于我国的全球性大学。

第二章　全球性大学的形成

　　20 世纪 80 年代,以电子技术和信息技术发展为主要标志的全球新变革浪潮使全球经济、政治、社会等领域发生了巨大变化,对人类社会发展造成了极大影响,使全球化达到了全新历史阶段。这次变革浪潮使生产力获得了新的飞跃式发展,也使人们对于"全球化"概念有了深刻认识。虽然专家学者对于全球化的看法各异,对其利弊评价也莫衷一是,然而不可否认的是,全球化使各国之间、各民族之间联系日益紧密,合作交往日益普遍,社会各元素在全球加速流动,由此编织成一张全球化之网,促进了全球经济、政治、文化等全方位的沟通与融合。全球化的进程始终是由人类对经济和政治利益的渴望,对信仰、思想文化传播的热情以及对新知识的追求所驱动的。几乎没有国家能置身这张全球化网之外而获得发展。

第一节　全球性大学的形成背景

一、全球化背景下大学面临的双重压力

　　20 世纪 80 年代末到 90 年代初,置身于全球化背景之中的大学,承受着来自大学外部和大学内部变革驱动的双重压力。

(一) 来自大学外部的压力

　　经济方面,随着全球化在全世界经济领域的深入发展,其

对世界的影响也愈加显现。在引发全球竞争与趋同化的同时,资本不停地进行着超越国界的流动,随之带来的全球共性问题也更快地扩展。脱离了全球共同治理,任何一个国家都没有能力独自研究并解决资源、人口、气候、环境等方面的全球共性问题。与此同时,全球化改变了过去人们自给自足的封闭状态,促使人们相互交往、相互依赖,同时又反作用于经济全球化的发展。伴随着资本的扩张,不同国家的文化、价值观也在全球传播,原本单一、传统和封闭的国家不得不接受多元文化的冲击和洗刷。国家需要在经济全球化的环境中继续生存和谋求发展,人们不仅需要寻求文化理解和认同,还需要运用全球意识和全球战略眼光去携手解决全球问题。在"平坦化"的今日世界,这些显得尤为重要。

政治方面,世界从两极向多极多元化发展,世界各国的政治交往形成互相依存的局面,既有民族国家的独立诉求,又有全球合作与依赖的融合,人们的政治心理和政治观念发生着深刻的变化。发达国家借助市场的力量维护本国的政治、经济安全,而落后国家在国际分工中处于不利地位,在国际政治舞台上处于相对弱势地位。国家需要在国际舞台中,通过提升国家综合实力,维护政治话语权,保持国家的独立性。

社会方面,全球化是历史发展的必然趋势和方向,对各个国家的社会发展产生巨大的影响和冲击。世界各国人民在广度和深度方面形成了越来越密切的经济与社会联系,全球化不仅使科技、资金、信息等经济领域资源跨越国界,随之而来的对各个国家和社会中人们原有的社会生活和社会交往方式产生的巨大影响和冲击,更改变了民众原有的思维和行动方式。如今运用广泛的"全球化"一词,除了指全球在经济方面的相互信赖以外,另一层意义兼指思想观念的瞬间传播。跨文化的影响一直与我们为伍,但如今全球化带来的直接性令这一影响更加有力。因为我们进入同样的网站,接收同样的电台、电视节目,公众的生活方式趋于一体化,文化与价值观念方面逐渐同化,社会生活方式呈现出不断国际化与全球化的趋向。全球化及自媒体的传播,促使一些新兴阶层和经济力量快速崛起,改变了社会经济和实体组成的具体结构,在一定程度上改变了人们的就业观念和职业规划。

全球经济、政治和社会等环境的变化和发展的内在诉求,投射至高等教育领域中,给高等教育带来变革压力。大学肩负培育人才和知识传承、创新的职责,面临着适应全球化变革的巨大压力。近几十年里,学界开始广泛使用高等教育全球化的概念。这一概念的广泛应用也说明大学承受着外部变革因素驱动的压力,意识到了变革的急迫性,并积极讨论和探索着大学变革的发展方向和具体方式。

全球环境的综合变化,最终变革都指向高等教育领域,大学需要为经济、政治和社会的发展与进步提供智力支持。为了适应全球化趋势,大学需要变革,需要培养适应全球化发展的人才,需要促进各国的理解与合作,加强国际研究合作,致力于解决全球问题。

(二) 来自大学内部的压力

随着全球范围内高等教育需求的增长、信息渠道大规模的出现、大学与政府之间关系的变化、新的学习和教学技术的出现,高等教育为应对外部环境的变化经历了巨大转型,呈现出新的角色与功能变化。大学置身于与商业组织相同的社会经济环境中,面临着市场饱和、高度竞争、资源成本上涨、实践经验的全球传播、全球品牌力、各利益相关方预期的增长等全新的现实境遇。同时大学也面临着来自内部发展的压力,加拿大学者奈特的一项研究表明,传统非营利性大学参与国际化的主要动机是增强大学的研究能力,拓展知识领域,增进文化理解。大学需要为提升自身的全球声誉、质量、全球竞争力而进行变革。

为了提升大学的全球竞争力,谋得发展,同时适应全球化社会变革的要求,大学需要培育具备全球视野以及批判性的全球思考能力的学生,培育学生成为善于跨文化理解、交流与合作的全球公民。大学需要鼓励并促进师生的全球交流与合作,需要建立更为紧密和深入的实质性校际合作关系,保持开放,拓展知识领域。

全球性大学的出现,正是高等教育在转型期积极应对这些环境并从中寻求发展的一种现实表现。处于内外双重变革压力之中的高等教育,必然掀起巨大的变革浪潮。

二、全球化背景下的高等教育变革

20 世纪末,高等教育围绕全球化和面向新世纪的教育主题开展了多种形式的变革,各国家、高校主动引领高等教育全球化变革,力争在本轮全球化浪潮中获得提升,占领发展先机。本书在此列举归纳其中具有共性的变革举措,以讨论和探索大学变革和发展的路径模式。

（一）各国的高等教育变革计划

1. 中国

从"211 计划""985 工程"到"双一流"建设的发展路径。2002 年之前，中国高等教育处于精英教育阶段。随着我国先后于 1995 年启动"211 计划"，于 1998 年启动"985 工程"，大学历经了并校、扩大招生规模等变化。进入 21 世纪以后，中国高等教育发展步伐加快，逐渐进入大众化阶段。在全球化背景下，中国扩大教育对外开放，并开始积极筹备世界一流大学和一流学科建设。2015 年国务院印发《统筹推进世界一流大学和一流学科建设总体方案》，这就是被教育界简称为"双一流"的建设方案。"双一流"建设方案在新时期对高等教育提出了新的发展要求，指明了高等教育现代化的发展方向和路径。中国高等教育已经出台的这三部重头计划，是结合中国高等教育发展的实际，在不同发展时期和阶段采取的发展战略。其中，"211 计划"全面提升大学的现代化建设水平，"985 工程"提升大学的整体国际化建设水平，"双一流"建设将推进中国高等教育在世界一流大学创建中特色化发展的进程。

2. 日本

从"Top30""全球卓越中心"到"全球顶尖大学项目"的开展。20 世纪 90 年代以来，日本政府致力于推动新一轮高等教育改革的实施，同时开始陆续出台相关政策以提升大学办学质量和人才培养水平，创建世界一流高水平大学。2001 年，文部科学省在远山计划中提出了"Top 30"方案，即面向 21 世纪，重点资助创新型人才培养基地的建设，建立 30 所世界一流水平的大学。2007 年日本推行"全球卓越中心"计划，主要是致力于提高研究生教育水平和研究水平，更多注重和强调大学国际化与国际合作研究项目的实施。2014 年日本启动"全球顶尖大学项目"，围绕全球化建设这一发展主题，以建设世界一流大学为直接目标，重点资助教学与研究达到世界领先水平的大学和引领社会全球化的大学。

3. 韩国

从"BK21 计划"到"WCU 计划"的实施。"BK21"是"Brain Korea 21"的简称，可以译为"面向 21 世纪的智力韩国计划"，是韩国教育部于 1999 年 4 月提出的高等教育发展计划。该计划以提升研究生教育质量为目的，以提供学生海外研习等奖助金、资助研究基础设备建设为主要手段,整个计划又分为一期和二期。2008 年 6 月,韩国教育部公布了建设世界一流大学计划,即 World Class University,简称"WCU"计划。该计划旨在通过招聘海外一流专家学者的方式,集中培育一批大学成长为世界一流大学,培育创新人才,提升大学质量,增强韩国大学的国际竞争力。

4. 德国

精英大学计划的推行。德国精英大学计划启动于 2005 年,主要是通过三类重点资助大学项目的方式,增强德国大学的全球竞争力,提升德国大学的全球声誉,创建世界一流大学。精英大学计划主要针对三类大学资助项目:研究生院项目资助、卓越集群资助、未来构想资助。其目的分别是引导大学在博士研究生培养项目、跨学科跨单位合作、发展未来具有全球竞争力的学科和科研方向等方面进行创新和追求卓越。以上资助虽然是政府行为,但是尊重大学学术自治的基本原则。德国精英大学计划的核心是提高博士生的培养水平。该计划通过评选和竞争决定资助对象,虽然获得资助的大学不少,但只有同时获得三种资助的大学方能称为精英大学。该计划最终资助的精英大学共有 10 所。

5. 俄罗斯

从研究型大学的建设到"5 - 100 计划"的部署。2008 年 10 月,时任俄罗斯总统梅德韦杰夫签发了《建设国家研究型大学的实施计划》,提出要建设一批世界水平的研究型大学,使之发展为俄罗斯高水平的科研和人才培养基地。2012 年 5 月,普京签署俄罗斯政府第 599 号令,《关于国家政策在教育和科学领域中的落实措施》正式实施。其中首次提出 2020 年前俄罗斯不少于 5 所大学进入世界权威大学排行榜前 100 名的目标,也就是"5 - 100 计划"。

6. 英国

发展多科技术学院,并推进其市场化,实施创业型大学与传统大学二元分化发展的高等教育变革战略。20 世纪 60 年代,英国在传统大学以外,创建了以应用型和职业化为定位的多科技术学院,初步形成高等教育中传统大学与多科技术学院的"二元制"结构。20 世纪 80 年代,英国政府大幅裁减对大学的资助,导致传统大学进行院系合并和缩减,促进传统大学走向市场。20 世纪 90 年代初,英国政府颁布《高等教育:一个新框架》,将多科技术学院纳入统一的大学体系中,推进了"创业型大学"的建设。通过几十年的努力,英国使创业型大学市场化。进入 21 世纪以来,英国大学积极走向海外,吸引留学生,并积极建设海外分校,现已成为全球最大的教育输出国之一。

7. 美国

美国大学目前在全球高等教育领域处于领先水平,其一贯坚持的学术自治、学术自由和民主管理是众多一流大学建设成功的经验和法宝。为了继续保持其高等教育全球领先地位,美国联邦政府也设立了"世界一流"资助项目,致力于大学的绩效改进,为学生创新实践发展提供资助。"世界一流"项目为了让更多美国人拥有满足日益增长的全球经济需要的知识和技能,尤其鼓励大学和学院帮助成人学习者、工读生、低收入背景的学生、有色人种学生、残疾学生等群体获得成功。根据美国教育部的统计信息,2015 财政年度对"世界一流"项目的投资为 6 200 万美元。该项目的资助目的是使所有的学院和大学都能更好地提高学生成绩。与其他国家争创世界一流有所不同,美国大学的世界一流项目侧重于弥补教育发展中的短板,鼓励弱势群体在内的所有人获得成功。

(二) 全球教育中心的形成

根据跨境教育研究小组的定义,全球教育中心通常是指一个指定的地区,为了吸引外国投资,留住本地学生,通过为国内外学生提供高质量的教育和培训机会而树立区域声誉,并创建一个以知识为基础的经济环境。[①] 全球教育中心可以在指定地区形成国内外机构、大学分校、国外合作伙伴关系等不同组合。加拿大学者简·奈特将全球教育中心定义为一个有计划地努力建立本地和国际参与者的集群,战略性地从事跨境教育、培训、知识生产和创新活动。[②] 根据发展驱动力和关注点的不同,全球教育中心分为三类:为解决移民人口本地入学而关注招募学生的学生中心,如迪拜;为国家培养储备人才的人才中心,如卡塔尔;关注产品和知识应用的知识创新中心,如新加坡。

美国某教育网站上列出了 10 个其认为的全球教育中心,分别是阿联酋迪拜、马来西亚吉隆坡、新加坡、中国香港特别行政区、卡塔尔多哈、巴林麦纳麦、

---

① 纽约州立大学奥尔巴尼分校跨境教育研究小组,http://cbert. org/resources-data/intl-campus/.

② Knight J. International education hubs student, talent, knowledge-innovation models [M]. Dordrecht: Springer, 2014.

韩国济州岛、巴拿马克莱顿堡、斯里兰卡科伦坡、印度班加罗尔①；也有学者提出另外一份名单：卡塔尔、阿联酋、马来西亚、新加坡、博茨瓦纳、韩国、斯里兰卡、毛里求斯、巴林②。从两份名单所列的国家或地区分布情况来看，中东和东南亚无疑是全球教育中心最集中的两大区域。

1. 中东地区

最具有代表性的全球教育中心当属位于中东地区的卡塔尔和阿拉伯联合酋长国。卡塔尔基金会 1995 年开始着手全力打造的"卡塔尔教育城"项目，吸引了包括威尔康奈尔医学院、得州农工大学、卡内基梅隆大学、乔治城大学外交学院、美国西北大学等在内的 11 所大学海外分校入驻（见表 2 - 1）。

表 2 - 1   位于阿拉伯联合酋长国的国外大学海外分校一览③（截至 2015 年）

大学海外分校名称	所在国/地区	来源国
欧洲工商管理学院阿布扎比校区	阿联酋，阿布扎比	法国
巴黎索邦大学阿布扎比校区	阿联酋，阿布扎比	法国
纽约电影学院阿布扎比校区	阿联酋，阿布扎比	美国
纽约理工大学阿布扎比校区	阿联酋，阿布扎比	美国
纽约大学阿布扎比校区	阿联酋，阿布扎比	美国
迪拜默多克大学	阿联酋，迪拜	澳大利亚
迪拜卧龙岗大学	阿联酋，迪拜	澳大利亚
法国高级时装学院-阿联酋迪拜	阿联酋，迪拜	法国
博拉理工学院迪拜校区	阿联酋，迪拜	印度
迪拜管理科技学院	阿联酋，迪拜	印度
迪拜曼尼帕大学	阿联酋，迪拜	印度
S. P. Jain 管理学院迪拜校区	阿联酋，迪拜	印度

---

① ICEF Monitor. Little-known aspiring education hubs [EB/OL]. (2012 - 08 - 23)[2016 - 11 - 29]. http://monitor. icef. com/2012/08/little-known-aspiring-education-hubs/.

② Knight J. International education hubs student, talent, knowledge-innovation models [M]. Dordrecht: Springer, 2014.

③ Cross-Border Education Research Team. C-BERT branch campus listing [EB/OL]. (2015 - 10 - 15)[2016 - 01 - 27]. http://globalhighered. org/branchcampuses. php.

(续表)

大学海外分校名称	所在国/地区	来源国
巴拉蒂·维迪亚皮斯大学	阿联酋,迪拜	印度
伊斯兰自由大学-阿联酋分校	阿联酋,迪拜	伊朗
迪拜皇家外科医学院	阿联酋,迪拜	爱尔兰
迪拜圣约瑟夫大学	阿联酋,迪拜	黎巴嫩
迪拜沙希德贝利布托科学技术研究院	阿联酋,迪拜	巴基斯坦
迪拜圣彼得堡国立工程经济大学	阿联酋,迪拜	俄罗斯
剑桥国际学院	阿联酋,迪拜	英国
迪拜卡斯商学院	阿联酋,迪拜	英国
赫瑞瓦特大学-迪拜校区	阿联酋,迪拜	英国
迪拜伦敦商学院	阿联酋,迪拜	英国
曼彻斯特商学院中东迪拜国际中心	阿联酋,迪拜	英国
迪拜密德萨斯大学	阿联酋,迪拜	英国
迪拜布拉德福德大学	阿联酋,迪拜	英国
迪拜埃克塞特大学	阿联酋,迪拜	英国
霍特国际商学院-迪拜校区	阿联酋,迪拜	美国
迪拜密歇根州立大学	阿联酋,迪拜	美国
迪拜罗切斯特理工学院	阿联酋,迪拜	美国
马杜赖卡玛拉大学	阿联酋,哈伊马角	印度
中东洛桑联邦理工学院	阿联酋,哈伊马角	瑞士
博尔顿大学-哈伊马角校区	阿联酋,哈伊马角	英国

阿拉伯联合酋长国的迪拜、阿布扎比、哈伊马角等纷纷建立了知识村、大学城、自由贸易区等,吸引全球一流大学进驻。根据跨境教育研究小组的统计,截至2015年10月,迪拜知识村内已经陆续有海外大学建立且正常运行的分校有24所,阿布扎比有5所,哈伊马角有3所。阿联酋已经成为全球拥有进驻大学海外分校最多的国家。

中东地区阿联酋和卡塔尔建设全球教育中心,吸引国外大学海外分校入驻,其目的在于为本国和海湾地区储备和集聚人才,提升本地高等教育水平。

将国家建成区域教育中心，可以满足经济社会发展转型对于高质量高等教育的需求，在留住当地人才的同时，为不方便出国留学的女学生提供接受优质高等教育的机会，兼顾了教育公平。此外，还有利于吸引国际学生和知识人才移民，同时提高国家收入。国际学生在学习期间所缴纳的费用给国家带来的是外汇，而毕业后更是有可能成为国家潜在的智力技术型移民人口，优化国家劳动力结构，从而提升国家整体实力。

2. 东南亚地区

在东南亚，马来西亚和新加坡是较早启动建设全球教育中心计划的国家。马来西亚政府对于将国家建成全球教育中心的规划始于 20 世纪 90 年代初。从马来西亚的教育历史看来，1996 年马来西亚颁布了《私立高等教育法案》，该法案于 2003 年获得了修订，允许国外大学建立分校和国内私立机构升级为大学学院。马来西亚政府出台"九五规划（2006—2010）"之时，明确提出国家经济需要升级转型，需要发展以知识创新为主导的经济。此后，马来西亚政府又出台国家层面的教育规划，即《国际高等教育战略规划》，进一步明确了将马来西亚建设成区域全球教育中心的目标。该规划重点指出从"扩大就学途径""加快高等教育国际化""增加高等教育多样性"等诸多方面加快马来西亚作为全球教育中心的建设。马来西亚全球教育中心的建设政策和战略的出台，吸引了众多国际名校前来办学。根据跨境教育研究小组的统计，截至 2015 年，已先后有 11 所大学入驻马来西亚，其中 2 所学校先后于 1999 年和 2007 年关闭，此外还有 3 所大学的海外分校正在筹建中。

1997 年亚洲金融危机后，新加坡政府将国家经济发展定位聚焦于高科技产业方面，尤其是高等教育服务方面。1998 年，新加坡启动"世界一流大学项目"，与其他国家打造世界一流大学项目的建设路径不同，新加坡不是努力将本国大学直接建成世界一流大学，而是吸引至少 10 所世界一流大学入驻新加坡建设海外分校，通过发挥国外大学的品牌影响力，带动和提升本国高等教育的形象和质量。其目的是吸引一些世界顶尖大学在新加坡开办海外分校，将新加坡打造成重要的全球教育中心，以引领世界一流的研究、知识创新与转化。与此同时，新加坡启动的"全球校舍计划"，其目的也是将新加坡建成全球高等教育中心。在争取国际学生方面，新加坡成为澳大利亚、加拿大、美国和英国等的主要竞争者。新加坡"世界一流大学项目"的定位和出发点从实际操作路径而言，即以建设区域全球教育中心为目标，将新加坡建设成一个集全球知识生产、创新创意和产学研于一体的教育园区,以期形成全球校园和课堂。新加坡政府在高等教育领域的管理方面,也是赋予高校更多的自主和自治权,鼓励大学市场化改革和自主发展,以积极应对国际教育市场的变化和需求。根据跨境教育研究小组统计的数据,截至 2015 年,新加坡已吸引 14 所世界知名大学前来建设海外分校,其中新南威尔士大学分校于 2007 年因财务原因关闭。但这仍然不影响新加坡成为目前东南亚入驻最多大学海外分校的国家。新加坡是东南亚地区发展较早也是较大的教育中心。

斯里兰卡政府实施了一项吸引投资、打造全球教育中心的计划,即 2020 年前允许有 10 所私立大学进行本地化运作。2013 年 10 月,英国中央兰开夏大学获准在斯里兰卡开设海外分校,成为首座在斯里兰卡开设分校的外国大学。该计划一方面可以吸引投资,另一方面可缓解本地学生出国求学而造成的智力流失。包括印度马尼帕尔大学、新加坡来福士大学等在内的多所大学都申请了在斯里兰卡建设海外分校。斯里兰卡打造全球教育中心的计划,旨在增加本地高等教育入学的机会,提高本地自然资源和人力资源的利用效率,同时拓宽本地青年的全球视野。

近十年来,我国高等教育也开始迈出国门,在东南亚地区开展跨境办学,对外输出本国教育,陆续建立了老挝苏州大学和厦门大学马来西亚分校。

马来西亚开放高等教育市场,允许私立高等教育进入,起初是为了解决外籍人员及子女就读大学的问题。2002 年,马来西亚仅允许不超过 10% 的非马来西亚本地学生进入公立大学。但是 20 世纪 90 年代后马来西亚积极打造全球教育中心,引入世界知名大学开办海外分校,俨然已成为东南亚地区热门的高等教育求学地。

(三) 组建跨国大学联盟

20 世纪 90 年代末期,随着高等教育全球化的发展,大学探索全球化和国际化的发展路径,期望在多边合作中获得发展良机。在此背景下,跨国大学联盟开始组建,并得以发展,如 U21 大学联盟、环太平洋大学联盟、世界大学联盟等。跨国大学联盟已逐渐发展成国际教育舞台上一支运作有序、较为活跃的新生力量。这些联盟一般具有战略目标一致、问题协商解决、跨国性等特点。表 2-2 为跨国大学联盟成员及排名展示。

表2-2 三大跨国大学联盟的成员及排名①

国家/地区	大学名称	环太平洋大学联盟	U21大学联盟	世界大学联盟	全球大学排名
澳大利亚	澳大利亚国立大学	是	否	否	64
澳大利亚	墨尔本大学	是	是	否	57
澳大利亚	新南威尔士大学	是	是	否	101—150
澳大利亚	昆士兰大学	否	是	否	90
澳大利亚	悉尼大学	是	否	是	93
澳大利亚	西澳大学	否	否	是	96
加拿大	麦吉尔大学	否	是	否	63
加拿大	阿尔伯塔大学	否	否	是	101—150
加拿大	不列颠哥伦比亚大学	是	是	否	39
智利	智利大学	是	否	否	401—500
智利	智利天主教大学	否	是	否	401—500
中国	复旦大学	是	是	否	201—300
中国	南京大学	是	否	否	201—300
中国	北京大学	是	否	否	151—200
中国	上海交通大学	否	是	否	151—200
中国	清华大学	是	否	否	151—200
中国	中国科学技术大学	是	否	否	201—300
中国	浙江大学	是	否	是	151—200
中国	中国人民大学	否	否	是	未列出
中国香港	香港中文大学	否	否	是	151—200
中国香港	香港科技大学	是	否	否	201—300
中国香港	香港大学	是	是	否	151—200
中国台湾	台湾大学	是	否	否	101—150
中国台湾	台湾成功大学	否	否	是	201—300

① 改编资料来源:Gunn A., Mintrom M. Global university alliances and the creation of collaborative advantage [J]. Journal of Higher Education Policy and Management, 2013, 35(2):179－192. 其中成员信息根据三大联盟的官方网站进行了更新,更新部分的大学排名数据补充来自上海交通大学 ARWU2012 年排名数据。

（续表）

国家/地区	大学名称	环太平洋大学联盟	U21大学联盟	世界大学联盟	全球大学排名
印度	德里大学	否	是	否	未列出
印度	印度尼西亚大学	是	否	否	未列出
爱尔兰	都柏林大学	否	是	否	301—400
日本	庆应义塾大学	是	否	否	301—400
日本	京都大学	是	否	否	26
日本	大阪大学	是	否	否	83
日本	东北大学	是	否	否	101—150
日本	东京大学	是	否	否	20
日本	早稻田大学	是	否	否	301—400
马来西亚	马来西亚大学	是	否	否	401—500
墨西哥	墨西哥国立自治大学	是	否	否	151—200
墨西哥	蒙特雷理工学院	是	是	否	未列出
荷兰	阿姆斯特丹大学	否	是	是	101—150
荷兰	马斯特里赫特大学	否	否	是	201—300
新西兰	奥克兰大学	是	是	是	151—200
挪威	卑尔根大学	否	否	是	201—300
菲律宾	菲律宾大学	是	否	否	未列出
俄罗斯	远东国立大学	是	否	否	未列出
新加坡	新加坡国立大学	是	是	否	101—150
南非	开普敦大学	否	否	是	201—300
南非	约翰内斯堡大学	否	是	否	未列出
韩国	高丽大学	是	是	否	301—400
韩国	首尔大学	是	否	否	101—150
韩国	延世大学	是	否	否	201—150
瑞典	隆德大学	否	是	否	101—150
泰国	朱拉隆功大学	是	否	否	未列出
英国	伯明翰大学	否	是	否	101—150
英国	布里斯托大学	否	否	是	70
英国	爱丁堡大学	否	是	否	51
英国	格拉斯哥大学	否	是	否	151—200
英国	利兹大学	否	否	是	151—200
英国	诺丁汉大学	否	是	否	86

全球发展模式研究

（续表）

国家/地区	大学名称	环太平洋大学联盟	U21大学联盟	世界大学联盟	全球大学排名
美国	谢菲尔德大学	否	否	是	101—150
英国	南安普顿大学	否	否	是	151—200
英国	约克大学	否	否	是	201—300
美国	加州理工学院	是	否	否	6
美国	斯坦福大学	是	否	否	2
美国	加州大学伯克利分校	是	否	否	4
美国	加州大学戴维斯分校	是	否	否	47
美国	加州大学尔湾斯分校	是	否	否	45
美国	加州大学洛杉矶分校	是	否	否	12
美国	加州大学圣地亚哥分校	是	否	否	15
美国	加州大学圣芭芭拉分校	是	否	否	34
美国	康涅狄格大学	否	是	否	201—300
美国	俄勒冈大学	是	否	否	201—300
美国	罗彻斯特大学	否	否	是	86
美国	南加州大学	是	否	否	46
美国	华盛顿大学	是	否	是	16
美国	俄亥俄州立大学	否	是	否	65
美国	麻省大学阿姆赫斯特分校	否	否	是	101—150
美国	马里兰大学	否	是	否	151—200
美国	夏威夷大学马诺阿分校	是	否	否	101—150
瑞士	巴塞尔大学	否	否	是	85
加纳	加纳大学	否	否	是	未列出
肯尼亚	内罗毕大学	否	否	是	未列出

大学组建跨国联盟,成为跨国大学联盟成员,建立伙伴关系,可以获得互相交流和学习的机会,促进组织学习,从而提高应对环境不确定性的能力。联盟通过各种资源共享、项目合作和师生交流,降低盟校内部竞争,或者说在与联盟外的大学竞争中占据优势。知识共享促进了知识创新,学者流动带来的学术交流促进了学术的发展。联盟成员间建立的伙伴关系还可以帮助大学更好地满足学生、市场、政府等对高等教育的需求和期望,为学生提供全球性的教育,并研究和解决人类共同面临的需要全球关注和共同解决的问题。根据利兹大学和蒙纳士大学的一项联合研究,2003—2012 年间,相较于未参加任何联盟的大学,参加三大跨国联盟的 70 余所大学更容易提升自己在全球大学排行榜的名次。跨国大学联盟对于希望变革的大学管理层、教师和学生,可以带来有价值的资源。当然,这并不意味着大学只要加入跨国的大学联盟,就能获得提升。大学能否真正获得提升取决于大学自身的各项努力以及跨国大学联盟的有效管理。

与此同时,大学也面临需要提升自身在联盟成员中的显示度、变革大学面向内部的传统管理方式、解决各类联盟发起的跨国合作项目的本地有效落实等问题。从跨国大学联盟角度而言,明确的战略目标、有效的管理以及创建合作优势以更好地服务联盟内的大学,也是决定联盟可持续发展的关键因素和重要保障。跨国大学联盟的组建和运行,是大学在全球化时代寻求国际合作与共同发展的结果。

(四) 设立海外分校,迈向全球性大学

国家和地方层面积极打造区域全球教育中心的举措,与一些发达国家大学的全球行动或者全球发展战略不谋而合。美国、英国、澳大利亚等国的一些具有良好全球声誉和学术优势的大学,纷纷选择或受邀在新加坡、越南、中国、阿拉伯联合酋长国、卡塔尔以及南非等国家设立海外分校。从全球大背景而言,全球性大学的形成是大学国际化发展的形势所趋。

大学设立海外分校的原因主要来自三个方面:学术因素、财务因素和大学声誉[①]。从学术方面的驱动因素来看,大学在提供教育服务输出的同时,由于需兼顾本地的适应性问题,课程会在新的环境中发生新的变化和调整,会激发

---

① Girdzijauskaite E, Radzeviciene A. International branch campus: framework and strategy [J]. Procedia-Social and Behavioral Sciences, 2014,110:301 - 308.

一些新知识和经验的产生,这对于大学的知识创新有所促进。大学建设海外分校,发展和壮大了作为知识消费者的学生群体,大学的受益圈得以扩展。同时,海外分校的建立,为大学母校吸引了潜在的国际学生,使得学生的整体国际化水平获得提升,从而有利于大学的国际化水平提升。因为学生的国际化水平是评价大学国际化水平的重要衡量指标之一。从财务方面的驱动因素来看,建立海外分校,最直接的财务收入是可以获得海外分校学生的学费,其次大学给本地社会提供科研和咨询服务,也可以获得相应收入。此外,还有当地政府为了吸引海外大学前来合作建立分校而向大学慷慨捐赠的例子。纽约大学 2010 年在阿拉伯联合酋长国的首都阿布扎比开设新校区,建校和办学的资金都由阿联酋政府承担。阿拉伯皇室提供了 15 亿美元的校区启动资金,并捐赠了 5 000 万美元给纽约大学。此外,政府还提供就读学生奖学金,由办学带来的收入税收全免,可归入纽约大学总部。澳大利亚蒙纳士大学早在 1999 年便制订了一份国际化发展战略计划,即通过教育国际化的方式增加收入,拓宽收入渠道,以此减少大学对于澳大利亚政府经费资助的依赖。蒙纳士大学现已在马来西亚和南非建有海外分校,并同时向意大利、印度、中国、印尼和斯里兰卡等国家输出课程。蒙纳士大学在 2010 年已拥有来自 158 个国家的 21 114 名国际学生,收入达到 2.5 亿美元,已跃升为澳大利亚的年度教育出口大户[1]。从大学声誉提升方面的驱动因素来看,大学的名称、课程、智力资源等构成了该所大学的品牌优势和无形资产。海外分校的建立,使得这种品牌优势获得更为广泛的传播和彰显,无形资产获得增值,促进了大学声誉的提升。

根据跨境教育研究小组的统计,截至 2015 年 10 月,全球正常开展办学的海外分校已达 232 所。其中,美国的大学建有 81 所,英国的大学建有 39 所,澳大利亚的大学建有 14 所[2]。在这一统计数据之外,有 26 所海外分校因为各种原因被陆续关闭,这些关闭的海外分校中,母校来自美国的大学有 14 所,澳大利亚的大学有 5 所。对于海外分校的运营和未来,学者们也不无担忧。海外分校的建设对于大学而言,是双刃剑。大学建立海外分校的三大挑战也是令学者们担忧和引发讨论较多的因素。

① 赵中建,陈晨.大学与经济增长——来自第六届全球大学峰会的呼吁[J].世界教育信息,2013(18):8-14.
② Cross-Border Education Research Team. C-BERT branch campus listing [EB/OL]. (2015-10-15)[2016-01-27]. http://globalhighered.org/branchcampuses.php.

首先是来自学术方面的挑战。由于分校所在国在文化、政治体制与母校所在国不同，当母校课程移植到分校时，在课程的内容、实施和评价方面会存在合法性方面的压力，课程会遭遇本地不适应的状况。最明显的便是有些课程内容可能不适用于本地的实际情况。对于学术研究也存在类似的问题，学术研究需要考虑学术氛围、研究设施设备的投入以及研究人员等综合因素，以上因素的差异使得研究型大学的海外分校很难复制其母校的学术研究体系，容易招致学生、合作院校等部分利益相关方的不满。如西交利物浦大学主要关注教学，但是中方合作者更看重利物浦大学的科研能力，然而对利物浦大学来说，很难在中国复制英国的一切[①]。

其次是来自财务方面的挑战。如果大学过多考虑财务收入因素，或仅将收入因素作为开设海外分校的考量，为了获得最大的利润回报，必然会如商业系统那般尽可能压缩成本。这便意味着大学对于海外分校的学习资源、科研设施设备投入不足，或设置的学科有限，仅局限于投入有限的商科、信息科技等专业，从而陷入无法满足当地学生就读需求的危机。学生需求无法满足，招生受影响，带来学费收入受到影响，会使海外分校面临遭受巨大财务损失的危机。新南威尔士大学新加坡分校于 2007 年 3 月开始正式招生，第一学期共招募了143 名缴付全额学费的学生，招生比预期的 300 人少一半有余[②]。该校向每名学生收取的学费为 5 万澳元，约为当地大学学费的 4 倍。对于校方来说，新生人数不达标，一年少招 300 人意味着亏损 1500 万澳元。按照计划，建造校园需要投入 1.4 亿澳元费用，因为没有额外财政援助，则需要巨额借贷以维持学校营运。而招生人数不达预期，大学将面临无法承担巨额财务支出的风险。正因招生人数不足，面临财政亏损，该分校持续了 2 个多月，5 月份便宣布关闭[③]。新南威尔士大学这一海外分校的关闭，引发了约 3 800 万美元的损失[④]，包括赔

① 阿特巴赫. 为什么海外分校可能不可持续发展？[J]. 国际高等教育. 2010,3(1):1-2.

② 李爱华. 新加坡第一所外国大学分校关闭[EB/OL]. (2007-06-04)[2016-12-13]. http://news. sciencenet. cn/html/showsbnews1. aspx? id=181227.

③ 教育部国际合作与交流司. 新加坡亚洲新南威尔士大学关闭[EB/OL]. [2016-12-13]. http://www. moe. edu. cn/s78/A20/A20_gggs/s8479/200705/t20070527_181198. html.

④ Girdzijauskaite E, Radzeviciene A. International branch campus: framework and strategy [J]. Procedia-Social and Behavioral Sciences, 2014(110):301-308.
Wilkins S, Huisman J. The international branch campus as transnational strategy in higher education [J]. Higher Education, 2012,64(5):627-645.

付此前向新加坡政府申请的贷款,返还获得的研究基金以及支付员工的薪水。然而相较于可能产生的巨额财务支出,新南威尔士大学关闭分校的决定仍不失为明智之举。

最后是来自大学声誉方面的挑战。海外分校的生源选拔和质量,也是学者关注的一个重要方面。一些非常著名的高校很难使分校和母校生源质量保持一致。需要重视的是,海外分校招生生源不如意造成的教学质量下降也会折损大学声誉,并使其陷入一个消极循环链。海外分校遇到的种种意想不到的困难及其带来的对学术声誉的损害、经济损失,与大学设立海外分校的初衷相背离。海外分校的办学质量、本地适切性以及对于大学学术声誉的影响,是大学在应对全球化变革,开办海外分校时需要重点考虑的问题。

尽管海外分校的开设具有种种不确定的风险,学者们对于其未来也是不无担忧。但是在本地政府的吸引和支持,地区对于高等教育的多样化需求以及大学国际化的内在诉求满足、应对智力流动的国际挑战等因素的作用下,大学开办海外分校的热情不减,全球海外分校的数量仍在增加。大学开办海外分校,其初衷多是为了增加经费收入,但实际上带来的更多是智力和文化方面的收益,这是大学开办海外分校、应对全球化变革的最大收益。

一些大学在应对全球化,开办海外分校的过程中,逐渐获得规模式发展。它们将各海外分校与母校视作国际化和全球发展的整体,形成了独特的全球性飞跃式发展。如诺丁汉大学提出全球发展战略后,分别在马来西亚和中国建设校区,从其将学校的徽标更改为三所门户校园的联合体这一举动便可看出其中所蕴含的全球化深意。钟楼是诺丁汉大学的标志性建筑,这一形象已经成为诺丁汉大学文化品牌的一部分。诺丁汉大学在位于英国、马来西亚和中国的校园都有一座同样的标志性钟楼建筑。此外,诺丁汉大学各校区在对外宣传的主要窗口——校园网页中也统一了风格,显示出诺丁汉大学品牌的一致性和系统性。图 2-1 为诺丁汉大学徽标的更新。

The University of
Nottingham
原徽标

The University of
Nottingham
UNITED KINGDOM·CHINA·MALAYSIA
新徽标

图 2-1 诺丁汉大学徽标的更新

纽约大学建立全球协作网络,除纽约、阿布扎比和上海三大门户校区外,还有遍布全球的 11 个学习中心。学生在这些校区和学习中心间流动,获得丰富的国际化体验。课程和活动在门户校园中的联动,已成为纽约大学主要的特色和独特的优势,纽约大学也从一所位于纽约的大学,发展成一所位于全球的大学,建立了其全球品牌优势。

全球校园和学习中心同样也是蒙纳士大学最有价值的资源之一。蒙纳士大学除了在澳大利亚具有多个校区外,在南非和马来西亚也建有其门户校园,蒙纳士大学南非校区直接用世界课堂来形容和定位自己。蒙纳士大学在意大利普拉托、印度孟买等地设有全球学习中心,在中国苏州与东南大学设有联合研究院,与英国华威大学建立了全球联盟。这些全球校园和学习中心教授同样的课程,授予同样的蒙纳士大学学位。

全新的全球多校区大学正在形成,一种新型的大学发展观呼之欲出。

三、从多元巨型大学到全球性大学

20 世纪 60 年代,加州大学伯克利分校时任校长克拉克·科尔将其在哈佛大学讲座时的演讲汇编出版了《大学的功用》一书。书中科尔颠覆了自中世纪大学出现以来高等教育领域形成的两大主流大学观,即纽曼的传统古典大学观和弗莱克斯纳的现代大学观。其后,他提出了其建构的理想大学范式,即多元巨型大学观,认为大学应该兼具教学、科研与服务社会的多重职能,并由多个社群构成。

20 世纪中期以来,西方高等教育不再是精英教育,已然实现了其大众化和现代化的蜕变。随着国家财政支持的削减,大学办学自主权的提高,西方大学在全球范围内开展智力竞争,并通过输出智力服务等多渠道筹措资金。在全球化背景下,众多一流大学鼓励学生和学者流动,以培养世界公民为己任,积极在全球范围内与其他大学和机构开展科研合作,拓展全球办学实体空间,开办海外分校,高等教育国际化成为大学发展的主流。在这一过程中逐渐孕育形成了一种新的大学,即"全球性大学"。"全球性大学"这一术语旨在描述一种新型的大学,这种大学观是对科尔的多元巨型大学观的演变和发展,更加符合当今全球化社会中大学的发展趋势,更为贴切地体现了大学在当今社会的新形态。

"巨型"和"多元"可谓是多元巨型大学的两大特征。"巨型"指办学规模巨大、招收的学员众多。"多元"体现在大学理念、功能等的多样化,具有目标多样、服务对象多样等特点。全球性大学除了具备多元巨型大学上述的特征外,更为主要的是叠加了"跨国性"这一时代特点,在内涵和外延方面皆有新的拓展。

在大学规模方面,全球性大学除了学员数量多以外,学员的国际化程度和校园的开放性也更高。根据美国国际教育协会开放门户报告,纽约大学的国际学生人数在全美院校中持续领先,2013—2014 学年有国际学生 11 164 人,2014—2015 学年有国际学生 13 178 人。此外,全球性大学具有全球多校区的特征,办学规模已经超越传统地域所属的校园概念,扩展到跨国多校区或中心建设和办学,其与传统的多元巨型大学相比,叠加了跨国性这一特点。全球性大学的各海外分校既是一所独立的大学,同时又是全球性大学的一个有机构成部分。如纽约大学在美国纽约、中国上海和阿联酋阿布扎比都设有门户校园,这些独立校区与纽约大学其他分布世界各地的 11 个学习中心构成了整个纽约大学的全球多校园网络教育体系。正是由于这种全球网络教育系统,纽约大学表现出校园门户众多的巨型大学特点,得以成为当今全球性大学的代表之一。

在大学职能方面,相较多元巨型大学,全球性大学更注重多元文化的融合与沟通,注重培养具有全球视野和全球发展观的全球公民。全球性大学秉承学术思想和言论自由理念,更为关注和理解全球范围多元文化的差异,为各种文化的融合和沟通提供了平台。全球性大学广布全球的跨国校区或学习中心构成的全球教育网络体系,更是为这种文化的多元性提供了直接体验机会,拓宽了学生的文化视野,提升了学生对多元文化的理解力与包容。全球性大学在为学生提供全球视野和经历的同时,也提升了学生的全球化能力。这为全球性大学注重学生全球化能力的培养,培育具有全球视野和关怀的全球公民提供了坚实的现实保障。全球性大学观主张大学的功能为教学、科研、社会服务和促进多元文化交融与传承。

在大学治理模式方面,全球性大学一方面承继了多元巨型大学的多元、松散、灵活的大学组织结构特色,另一方面又因全球分布的多校区的管理特色,表现出自己独有的开放式组织结构的特点。随着大学功能的转变,大学需要培养具有国际竞争力的人才,大学的组织结构也需相应调整以适应大学功能。全球性大学的目标之一是培育具有全球视野的公民,与之相应,全球性大学的组织结构也更开放,权力更为分散和多元,其内部学术组织和行政部门的分工与合作、决策和执行、机构之间的配合、各校区之间的互动等都体现了这一特点。开放式组织结构不但有利于大学向全球社会开放,而且有利于全球性大学对于全球市场的变化做出灵活、迅捷的反应并采取相应的调节措施。

笔者通过多方位比较全球性大学与多元巨型大学,认为全球性大学观是对于科尔提出的多元巨型大学观的继承,并且是多元巨型大学观在全球化背景下的创新发展。全球性大学在跨国性方面突显自己的特色,尤其是在全球本地化过程中,促进跨文化的合作与发展成为全球性大学的现实使命与功能。

第二节　全球性大学的形成契机

全球性大学是高等教育国际化的一种创新形式,其形成契机综合了天时、地利与人和,可谓是全球、国家、地方和大学等层面各因素综合作用的产物。

一、天时:国家在教育全球化时代的发展诉求

"全球化"是促成全球性大学形成的时代背景。全球化时代是全球性大学形成的关键时间因素。全球性大学的形成是伴随轰轰烈烈的全球化浪潮展开的。在全球化背景下,国家教育改革与发展的诉求,也成为全球性大学形成的重要契机。

纽约大学可谓是全球性大学发展的一个典型代表。纽约大学之所以能与阿联酋和中国分别合作建设纽约大学阿布扎比校区以及上海纽约大学,便是抓住了两国教育需要改革发展的重要契机。

纽约大学阿布扎比校区的建立,首先是适应阿联酋对于经济发展多样化和教育转型的战略部署和要求。阿联酋经济严重依赖石油和天然气出口,其中阿布扎比是阿联酋面积、人口和油气储量最大的酋长国,油气储量占阿联酋已探明总体量的90%以上。20世纪80年代以后,阿布扎比经济向多样化战略目标发展,使国家的经济结构向知识经济转化,同时阿联酋希望在文化等领域跻身世界前列,推进城市和国家的全球化发展。2008年,阿布扎比经济发展委员会发布《国家五年发展战略计划(2008—2012年)》,强调了对教育的重视和扶持,提出创建以知识经济为基础的稳定可持续的经济发展环境,同时引入一流大学的先进课程与研究,引领知识经济的培育与发展。

上海纽约大学在筹备和谈判之初,正值《国家中长期教育改革与发展规划纲要(2010—2020年)》出台。该纲要提倡大学积极开展国际合作,建立高质量高水平的中外合作大学。中国高等教育2002年毛入学率达到15%,2010年毛入学率达到27%。美国教育社会学家马尔·特罗提出的高等教育发展阶段理

论中,将高等教育毛入学率达到 15％以上、50％以下的阶段视为高等教育的大众化阶段,这一划分方法已成为国际公认的惯例。中国的高等教育进入大众教育阶段已二十多年,然而世界一流水平的大学仍然相对较为缺少。中国高等教育的发展需要有高水平和具有特色的大学引领,需要更重视质量与特色,才能更好地满足社会发展的需要。

二、地利:城市的全球化建设目标

城市的发展目标、经济系统和人口结构对于全球性大学也具有十分重要的影响。政府财政支持对于全球性大学门户校园的发展、品牌塑造和可持续性发展十分重要。因而,城市的发展定位和目标,成为全球性大学形成的保障因素,也是另一个关键的契机。

以纽约大学的经验为例,阿布扎比和上海两座城市的发展都是以打造全球化大都市为建设目标,集聚全球人才,融合多元文化。这种背景下,培育创新成为国际大都市发展的重要路径和内容,这就需要一流大学的积极参与及支持。因而两座城市的全球化建设目标,是促成纽约大学阿布扎比校区以及上海纽约大学成立的关键。

上海有国际化大都市的建设目标,所以一直想引进一所高水平的大学。得知华东师范大学和纽约大学有建设上海纽约大学的合作意向后,上海市政府非常支持,也积极地与华东师范大学沟通,看看上海纽约大学成立需要地方政府怎样的支持。①

此外,海湾地区和中国是世界经济的新生力量。一所全球性大学,宣称世界即为大学的课堂,需要涵盖这样的战略地区,需要深入了解这些地区的文化。

纽约大学在当初选择上海设校区时,考虑到上海是中国改革开放的龙头,认为这所学校设置在上海是最符合纽约大学办学理念的。同时上海又是一座跟纽约非常相似的城市,它的城市节奏、它的多元化程度以及它在一个国家中所占据的社会经济等方面的地位,跟纽约均有相吻合之处,所以从一开始纽约大学就毫不犹豫地选择了在上海设立教学点。②

---

① 上海纽约大学校领导访谈,访谈编号 005。
② 上海纽约大学校领导访谈,访谈编号 005。

三、人和：大学校长的全球化战略视野

校长是全球性大学形成过程中的关键人物。首先，校长承载着学校发展的使命。其次，校长的战略视野决定着大学的发展。最后，校长的践行是全球性大学形成的推动力。

在全球化时代背景下，一所大学不能仅建立在一种文化基础之上，它应该建立在一个多元文化的基础上面。无论是学生在大学的学习和生活，还是教师在大学的教学和科研，都应该建立在与不同文化背景的人沟通、交流、合作的环境下。大学希望把课堂教育与文化体验、社会观察、研究实践结合在一起，成为人才培养和发展的大平台。这样培养的学生才能够更加符合全球化时代的人才要求，才能理解这个世界的多元文化，才能懂得如何与不同文化背景的人去沟通、交流、合作，这是全球性大学希望培养的人。这是纽约大学第15任校长约翰·塞克斯通以及上海纽约大学首任校长俞立中对于全球性大学的共同认识。在约翰·塞克斯通任内，纽约大学实现了校区和学习点的全球性部署，从一所位于纽约、服务纽约的地方性大学，成长为一所位于全球、服务全球的全球性大学。全球性大学的发展离不开校长这一关键人物。

纽约大学实际上从20世纪就开始在全球布局，希望在不同文化背景的国家设立教育点。目前，纽约大学在亚洲、欧洲、非洲、大洋洲、南美洲等地都设有教学点，这与校长的全球视野和战略布局相关。纽约大学阿布扎比校区的设立，离不开约翰·塞克斯通这位校长的全球视野和勃勃雄心。2006年，塞克斯通校长向阿布扎比王储提议在阿布扎比建立一个纽约大学的教学点。在承诺将之建成全球排名前五至十位的文理学院后，他获得了阿布扎比政府的鼎力支持：政府提供所有纽约大学阿布扎比分校的建校启动资金和运行经费。

上海纽约大学的建立，也离不开塞克斯通与俞立中两位校长的缘分与共同努力。纽约大学和华东师范大学的合作始于2006年。当时纽约大学上海中心就设在华东师范大学校园内。纽约大学和华东师范大学相互之间比较了解，对于彼此的办学理念都其为认同和欣赏。学校的领导和管理层，包括各院系的领导和教师沟通也都是畅通的。双方对于前期的合作都较为满意。这为之后双方开始合作设立上海纽约大学奠定了信任基础。然而当初纽约大学代表团到上海寻找合作伙伴时，走访了上海多所大学。当他们在2005年访问上海师范大学时，正是俞立中校长接待了他们，当时是欢迎纽约大学到上海师范大学设

立教学点。2006年1月,俞立中校长回华东师范大学担任校长,又接待了纽约大学代表团,一句"欢迎你们来华东师范大学"拉开了两校的合作之序幕。最终纽约大学选择了华东师范大学,可以说与俞立中校长的个人魅力和战略视野不无关系。

大学的发展当然离不开校长的全球视野以及发展战略的引领。更为重要的是,大学校长可以通过努力使自身视野和布局成为学校的共识,使大学获得协同发展。

最根本的一点,按照纽约大学的说法,觉得华东师范大学的发展理念跟他们的发展理念很接近,就是大家能够有共同的语言来探讨这个事情。华东师范大学是把推进国际化作为学校发展的一个重要的战略,纽约大学要建设全球性大学,所以大家都把国际化放在学校发展的很重要的位置上面,那就很容易契合起来。①

第三节　全球性大学的形成阶段

全球性大学的研究,可以从考察全球性大学的形成和发展过程开始。全球性大学的形成离不开海外分校的蓬勃兴起,也离不开各大高校轰轰烈烈的国际合作,因而全球性大学的形成阶段也随着海外分校的建设以及大学开展国际合作的不同阶段,呈现出不同的阶段特点。结合第三次全球化浪潮变革的时间、海外分校和大学国际合作的不同阶段以及各阶段的特点,全球性大学的确立过程也可以大体分为三个阶段:萌芽阶段、培育阶段、成形阶段。

一、全球性大学的萌芽阶段

20世纪50年代中期至80年代,是全球性大学的萌芽阶段。以美国第一所海外分校的建立为标志,全球性大学建设拉开了序幕。

约翰斯·霍普金斯大学高级国际研究学院于1943年成立于美国华盛顿特区,后于1955年在意大利博洛尼亚开设了分校区。该分校区成为公认的全球第一所真正意义上的海外分校,标志着全球性大学的形成要素之一出现。

---

① 上海纽约大学校领导访谈,访谈编号005。

受 1957 年苏联人造卫星成功发射的影响，美国联邦政府开始反思教育方面存在的问题，并于 1958 年颁布《国防教育法》，加大了政府对大学基础研究的资助力度。联邦政府对于大学科研拨款大大增加，1958 年到 1968 年被称为科学研究和大学发展的"黄金时期"。大学研究的功能增强，是出于服务国家利益的需要。出于对外合作和教育援助的考虑，一些大学开始尝试向海外输出课程。同时，在课程方面，一些大学开始开设有关国际化的课程，如国际教育、跨文化研究、区域研究等，并注重和加强了外语教学。

然而这一阶段，受世界冷战格局的影响，大学国际合作主要是出于政治、外交和国防等因素考虑，多由政府主导开展。大学开设的国际化课程和外语课程的数量仍然十分有限，在当时大学的课程体系中也未占据重要位置。同时，大学尚未形成明确的全球性大学建设战略目标和计划，大学制订的战略规划中没有专门的国际化发展部分的内容，大多仍是停留在一些大学院校间的国际合作层面。海外分校的建立，仅仅是个案。这一时期海外分校建立的数量和规模都非常小，也并非从大学的全球整体发展战略角度出发而建。大学处于精英型大学发展阶段，大学为培养精英型人才而服务。约翰斯·霍普金斯大学意大利校区的设立，最初是为了给当地培养未来优秀领袖人才。

二、全球性大学的培育阶段

20 世纪 80 年代末至 90 年代末，是全球性大学的培育阶段。

20 世纪 80 年代，西方国家减少对于高等教育的财政投入，大学面临着收入减少、财政拮据的局面。与发展中国家开展合作成为解决财政危机的一条出路。在这一阶段，西方各大学吸引国际学生、扩大留学生的招生比例现象较为突出。同时发展中国家由于国内的高等教育机构无法满足社会对于高等教育不断增长的需求，去发达国家留学、与发达国家的院校合作办学等成为发展中国家满足社会对高等教育需求的有效手段之一。远程教育、联合办学、特许课程、学分互认、教师互聘等成为发达国家与发展中国家大学间开展合作的有效形式。

20 世纪 80 年代末，随着信息技术的快速发展和革新，人类社会进入了全球化时代，很多国家的大学完成了从精英型到大众化发展的转变。美国、日本等发达国家的高校开始开设大量有关国际问题、国际理解、异文化比较等体现国际观点的课程，并鼓励学生进行海外研修。这为 20 世纪 90 年代各国国际课程的大发展奠定了基础,课程的国际化比例上升迅速,为国际化人才培养提供了保障。在实体拓展方面,大学积极寻求在全球领域内建立海外学习中心。这些海外学习中心一般是与当地合作院校共享校区或是租用当地的办公楼,规模不太大,主要是为海外学习的学生提供本地帮助和更好的服务。

冷战结束后,世界进入多极化发展阶段,大学海外分校的建设也进入了快速增长期。然而由于经济危机的影响,一些大学并没有很好地设定全球发展战略,未能考虑海外分校可持续发展的运作模式,在这些内外原因作用下,这个时期的海外分校建设呈现快速增长、快速消亡的景象。

与此同时,伴随着全球化时代的到来,政府和大学开始着手制定面向 21 世纪的发展战略规划。如马来西亚政府规划从 20 世纪 90 年代起,将国家建成区域教育中心。此后,马来西亚修订私立高等教育方面的法令法规,吸引国外知名大学前来马来西亚开设海外分校。这些都为全球性大学的形成奠定了基础。

三、全球性大学的成形阶段

21 世纪初至今,是全球性大学的建立与成形阶段。

进入 21 世纪,高等教育全球化从社会发展舞台的边缘走向了中心,并孕育了全球性大学。21 世纪的最初十几年,是全球性大学的初创和形成时期。伴随着全球蓬勃兴起的新一轮的大学海外校区的建设浪潮,一种在全球发展性和本地适切性之间不断协商、对话和建构的新型大学——全球性大学得以确立。在这一时期,大学在课程方面更多开设全球性课程,合作研究携手解决全球问题,培养全球公民。这类大学明确了全球性大学的战略目标和建设路径,将国际化要素融入学校建设的各项内容中;在实体拓展方面,大学着手构建全球校区和遍布全球的海外学习网络,并在实践层面时刻以全球化作为行动的指南。

21 世纪兴起海外分校建设的浪潮便是全球性大学建设的内容之一。这一阶段全球性大学海外分校的建设与以往的海外分校建设运动有所不同。尽管在课程设计、学位授予方面,具有共同之处,即海外分校遵循母校的课程设计,授予母校的学位。然而在更多方面,全球性大学的海外分校较以往的海外分校存在实质性的区别和差异(见表 2-3)。具体体现在如下几方面。

首先,驱动力不同。之前的海外分校建设,尤其是 20 世纪 90 年代之前,大多为政治需要和国家利益所驱动,进入 21 世纪之后,全球性大学建设是为了应

表2-3　20世纪90年代前后海外分校的异同

内容	20世纪90年代之前	20世纪90年代之后
课程设计	课程设计和实施与母校相同	以母校课程为主,融入本地特色课程
学位授予	授予母校学位	授予母校学位, 或者同时授予母校和分校学位
驱动力	政治需要和利益驱动	全球化竞争驱动
创办主体	政府主导举办	大学主导,政府支持
属性	政府创办的公办大学	民办公助大学, 立足本地、具有全球视野的独立自主大学
母校关系	分校与母校名称相同, 课程和管理几乎复制母校	以课程为联系纽带, 行政管理本地化,自主性高

对全球化浪潮,提高大学声誉和全球竞争力,开设海外分校,主要是受全球化竞争所驱动。

其次,创办主体不同。新世纪全球性大学的海外分校建设是由大学而非政府主导。

再次,属性不同。新世纪全球性大学的海外分校一般为立足本地,并具有全球视野的独立自主的私立大学。而20世纪90年代之前的海外分校一般是由本地政府创办的公办大学。

最后,母校与分校的关系不同。20世纪90年代之前的海外分校的课程几乎是母校的复制,教学和程序等严格遵循效仿母校,分校对于母校的依附性较高。而新世纪全球性大学的海外分校,自主性更高,行政管理更本地化,分校对于母校的依附性较弱;母校与分校之间以课程为联系纽带。

全球性大学的形成具有多重特征和属性。首先,全球性大学突破了国家的边界和限制,然而其本身的形成与发展,却是大学与国家多边努力的结果;其次,全球性大学呈现出多重属性交融的特点。全球性大学不但是国际属性与民族属性的交融,而且是多元文化的交融;最后,全球性大学体现了大学独立自治与服务社会的平衡,即全球性大学既有基于探求真理和学科研究兴趣为导向的大学自主独立性,也有旨在满足社会需求,引领科研创新,促进科技成果转化为导向的课程设置和研究目标。

第三章

全球性大学的理论解析与内涵特征

本章将对全球性大学进行理论解析,主要从系统论、全球公共物品理论以及全球本地化理论视角对全球性大学的本质进行检视和理论探讨,并在此基础上对全球性大学的内涵和特征进行归纳总结。

第一节　全球公共物品理论视角

全球性大学是一种跨国高等教育的联合体,是高等教育全球化发展的表现和产物。高等教育的属性同时也决定和制约着全球性大学的属性与本质。从全球公共物品理论视角考察高等教育和全球性大学,有助于我们更好地了解全球性大学的属性和特征。

一、公共物品与全球公共物品理论

从全球公共物品的角度审视高等教育,我们首先可以对公共物品理论及其在当下的转型和发展——全球公共物品理论进行了解和剖析。1954年,新古典主义经济学家保罗·萨缪尔森在《公共支出的纯理论》一文中,将物品分为公共物品和私人物品。公共物品具有两重属性,即非竞争性和非排他性。私人物品指具有竞争性和排他性的物品。若某物品不因任何人的消费而被耗尽时,则为非竞争性物品;若任意消费者都可以享受某物品带来的收益,不影响他人使用时,则该物品为非排他性物品。若某一物品同时具有以上两种属性,则该物品可以被称为公共物品①。该理论后又经公共财政经济学家理查德·马斯格雷夫和詹姆斯·布坎南等人进一步完善。公共物品理论主要为物品和服务分类提供了一种方法,目的是描述市场没有充分提供,或没有有效提供的物品。公共物品不一定是由公共部门提供的,私立部门也可以提供。从萨缪尔森的分类定义来看,公共物品理论建立在市场经济基础上,一般人们对于公共物品的理解和解读,是置之于特定的国家和地区之内,带有限定性。

随着经济和历史的发展以及全球化的影响,公共物品正以一种潜移默化的方式突破国家的界限,公共物品理论也随之获得了新的发展,并在全球化背景下逐渐演化形成新的全球公共物品理论。在这一过程中,一些批评者,如加齐耶和陶菲特、考尔和门多萨等人认为公共物品理论的表述过于狭隘和简单化,未考虑社会因素的复杂性,也未能从消费者和提供者的角度描述作为研究对象的物品和服务②。在社会环境中,无任何人为干预,具有非竞争性、非排他性的纯公共物品非常罕见。传统的公共物品的定义认为公共物品在消费时总是能体现非竞争性和非排他性。考尔等人则认为,公共性消费并不仅仅依赖于非竞争性和非排他性,它通常是一种社会结构,是由人类进行划分的。一些被划分为私人物品的物品,在分类之前其属性是开放和共同拥有的。物品和服务的消费一部分会因政策的转变而发生变化。所以,在现实社会中,由于有外部因素的干预和影响,纯公共物品非常罕见,更多体现的是非纯粹的公共物品。非纯粹的公共物品包括具有竞争性和非排他性的物品以及具有非竞争性和排他性的物品。基于这一认识,考尔等人从三个层次展开,对传统的公共物品理论进行了修订:第一,当物品具有非排他性的利益、非竞争性利益,或者兼具非排他性和非竞争性利益的属性时,即具有了成为公共物品的可能;第二,物品如果是非排他性的,且所有消费者都可以获得,该物品便成为事实上的公共物品;第三,全球公共物品是指那些其利益扩展到所有国家、民众和后代的物品③。从

---

① 西蒙·马金森,石卫林. 全球知识经济中的高等教育[J]. 北京大学教育评论,2008,6(3):25.

② Menashy F. Education as a global public good: the applicability and implications of a framework [J]. Globalisation, Societies and Education, 2009,7(3):307-320.

③ Kaul I, Mendoza R U. Advancing the concept of public goods [R]//Kaul I, Conceicao P, Le Goulven K, et al. Providing global public goods: Managing globalization. New York: The United Nations Development Programme, 2003:78-111.

第三层的含义看来,全球公共物品的效益跨越了国界、人群和代际,是能够给所有国家、民族、当代人以及后代人都带来利益的物品①,是其他国家的公民也可以享用的物品或服务,如全球安全、跨国界制度以及跨国界的基础设施等。全球公共物品体现了全球化的趋势和特征,一定程度上打破了公共物品的国家特性的限制。基于此,全球公共物品的定义是,普遍有助于所有国家、群体以及不同代际从中获益的最终产出物。全球公共物品的收益扩展到所有国家,并且不在任何人和任何时代之间有所歧视。

由于交通、通信以及市场的快速变化和发展,世界越来越走向一体化,公共物品及其利益影响也跨越了国界获得了传播。这其中有正面影响,也有负面影响。可以说,全球化促进了对于全球公共物品的思考。很多学者认为,经济全球化、新自由主义的全球化过程,导致了全球不平等的扩大。然而,全球公共物品的政策正好弥补了这一不足。全球化通过全球授权、国际合作等形式,实际上支持和增加了全球公共物品的供给。因此,从这一角度而言,全球化有助于全球公共物品的提供和获得,反而是促进了全球平等②。

关于公共物品的供给,人们首先想到的是政府部门,因为政府部门代表公共利益、掌握公共权力,理应成为国家范围内公共物品的首要供应者。根据公共物品的基本理论,单纯的市场机制本身不可能产生充分的社会公共物品,如果没有政府的介入,其结果往往表现为公共物品供应不足。而政府可以运用公权力进行调节,通过集中社会经济资源,为国内公众提供其所需要的公共物品。然而,国家政府在全球公共物品的供给方面,其角色和功能则处于失灵的状态。从国际范围来看,在利益的驱动下,国家如同私人一样活动,各国政府在其中扮演的角色就如同个体一样,这就导致全球公共物品在供给方面十分不完善。全球公共物品的供应不排斥非政府力量,非政府组织作为市场和政府之外的存在十分必要。由于公共物品的性质,由企业或非政府组织力量提供的某些物品和公共服务,将比由国家提供更为有效。因而讨论全球公共物品时,鼓励非政府力量积极参与全球公共物品的供应具有现实意义,考察非政府角色的作用也因而变得更为重要,应该鼓励非政府力量积极提供国际公共物品。

---

① Kaul I, Grunberg I, Stern M. Global public goods: international cooperation in the 21st century [M]. Oxford: Oxford University Press, 1999.

② Menashy F. Education as a global public good: the applicability and implications of a framework [J]. Globalisation, Societies and Education, 2009, 7(3):307-320.

全球公共物品的供应仅仅依靠个人或者政府仍然是不够的,需要开展全球性的国际合作方能保证有效供给。由于全球公共物品由全球各国共同享有,无论国界、国家性质和代际,世界上没有一个国家可以独自提供或者完全拒绝这些全球公共物品。21世纪以来,追求全球公平和正义,保证国际环境总体和平已成为当今时代的共识与主要潮流,不断展开跨越国家的互动和合作已经逐渐成为政策制订所需考虑的重要因素。通过国际合作来提供全球公共物品,并将国际合作定为国际公共政策的核心部分的观念需要积极提倡。

此外,由于全球公共物品自身具有的独特之处,要达到其供需平衡仍然面临诸多限制。国内相关政策的制定需要基于全球的视野,方能促进平等国际合作的开展,进而达到全球公共物品真正共享的目的①。

二、高等教育是全球公共物品

当今新的全球学习环境呈现出新的特点与变化,如利益相关方更加多样化,社会、国家和市场之间的关系飞速变化,许多国家在公共政策制定方面的能力被削弱,出现了新形式的跨国性全球治理。国家在公立高等教育办学方面的首要责任日益受到质疑,有人呼吁削减公共开支,让非国家行为者更多地参与进来。随着民间组织、私营企业和基金会在内的利益相关方的增多以及融资渠道的多样化,私营部门参与办学的性质和程度正在模糊公立教育和私立教育之间的界限。这主要体现在以下几个方面:公立高等教育机构越来越依赖私营部门提供的资金;参与高等教育的营利性和非营利性机构越来越多;高等教育机构引进了商业运作模式。在私营部门,高等教育越来越倾向于营利和交易,按照私营部门的商业利益来制定教育议程。由于全球背景下的学习发生新的变化,如何保护教育作为全球公共物品的地位,成为大家共同讨论的焦点。

高等教育,一方面体现出个体消费性,个人从高等教育中获得利益,通过教育保持良好地位,由此可以认为其具有私人性。另一方面,根据公共物品理论,它也可以被视为一种公共物品,有许多公共的消费利益。高等教育可以帮助个人,但它同时具有更为广泛的社会影响,有利于经济发展和减少贫困人口。教育的共同利益可以超越受教育者的收益,具有公益成分。如高等教育有助于增

---

① 卢晶,王磊.书评:《全球公共物品:21世纪的国际合作》[J].上海经济研究,2006(12):
130-132.

加民主参与,推广性别平等和人权,从而有利于政治稳定。此外,高等教育对环境可持续发展有着重要的社会影响。从另外一个角度来看,地区的教育水平的提升,能够促进社会改变,也有助于推动经济的进步,其他人也将从中受益。因此,高等教育既有利于个体,也有利于公众。

高等教育可以帮助个人,连同他们的家庭、社区和国家,使其在一定的区域或全球范围内具有潜在的良好公共影响。此外,高等教育有助于提升经济竞争力,高等教育和宏观经济舞台之间具有紧密联系。由于积极的国家经济外部性的影响,教育有利于区域乃至全球经济的稳定。一个国家公民的受教育水平与国家经济增长之间具有相关性。接受过高等教育的劳动者更容易在社会生产中发挥作用并获得成功。教育已被证明有代际利益,例如,受过教育的母亲更可能拥有健康的孩子,且其子女也更容易完成学业。这些代际外部性,进一步论证了教育适合作为一种全球公共物品。此外,高等教育对其他全球公共物品的间接影响也非常重要。例如,知识被认为是一种全球性的公共物品,高等教育对人们获得知识的能力有明显的影响。教育使人们对疾病和健康的认识更具客观性,从而有利于提高人类健康水平。因此,高等教育应作为一种全球公共物品而存在。高等教育对个人和社会具有普遍的良好效益,这一收益扩展到全球和代际,没有人被排除在外。基于这种分析,高等教育体现了全球公共物品的三重定义的性质。首先,由于具有非排他性的潜在可能,它具有公共性;其次,在高等教育大众化的时代,它往往是事实上具有公共利益性;最后,它可以被视为全球公众的利益,扩展到所有国家、人民和后代。综上所述,高等教育作为全球性的公共利益,应该是一种全球公共物品。

在全球化竞争日益激烈的时代,各国为了推动经济发展采用各种竞争手段,这其中关键的是人才的竞争。对人力资本的投资,可以增加民众的知识,创新想法,带来经济效益。人力资本投资的效能越来越体现其重要性。对于个体而言,需要获得更多的技能,需要更多的投入,方可为迎接全球竞争性的挑战做好充分准备。而这一过程是在大学的积极作用中得以完成的。大学被看成知识主导型社会中的关键因素。大学主要通过对学生也就是未来雇员的教育、对在职人员的培训、承担研究并将研究转变为产品等方式服务于社会的创新与竞争。但一些批评者认为,引导大学实现国家经济利益这一高等教育目的过于功利主义,忽视了更广泛的社会的、个人的和民主的公共利益。

高等教育的共同利益可以超越受教育者的收益,具有公益成分。此外,一个地区的教育水平的提升能够促进社会改变,也有助于提高经济发展水平。从这一角度出发,高等教育和知识是全球共同利益和全球公共物品。

在大多数国家,高等教育被视为一种公共物品,因此国家通常希望确保其消费水平高于私营部门提供的水平。为实现这一目标,国家通过公立大学或者准公立大学提供各种补贴,以平衡学生家庭的学费支出。有的国家通过国立高校为国民提供免费的高等教育,如德国;有的国家对公立大学提供成本补贴等,如中国;有的国家直接给独立于国家的大学提供学费补贴,如英国;有的国家通过给学生发放助学金或学费贷款,间接地进行学费补贴和成本分担,如美国;有的国家综合运用以上办法,即准公立大学接受学费补贴,学生可按收入比例贷款或获得助学金,以平衡负担的学费,如澳大利亚和新西兰。除斯堪的纳维亚国家外,大多数国家通过限制大学学费来补贴自己的国民。

大学是高等教育发生和进行的场所,因而大学也具有公共性。大学的公共性主要包括大学的公益性、大学形象的公共性、大学教职身份的公共性以及大学基础研究的公共性。高等教育具有重大的公益性,需要人们突破狭隘的经济学视角分析教育收益率的藩篱。大学的功能主要是教学、科研和服务社会,而知识是其中最基本的要素。从教学方面而言,大学功能是知识的传承;从科研方面而言,大学功能是知识的发现和创新;从服务社会方面而言,大学的功能是知识的转化和使用。知识不会因为他人的消费而有所耗损,影响其价值。知识在被消费时可以为消费者带来收益,表现出公有性、无私性等特点,因而知识在本质上是一种全球公共物品。从教学和科研角度而言,知识无疑是在作为一种公共物品进行传播和创新。然而颇具争议的是,在服务社会环节,知识被转化为生产力,进行了价值交换,个人从中获得了排他性的利益,从而使知识具有了商品的特性,这与知识的公共物品属性存在矛盾冲突。

高等教育的公共性被将知识视作商品所带来的一系列问题极大地侵蚀了。大学的公共形象受到损害,大学的公益性被削弱。大学不应该是营利机构,即便是私立大学,也应该确保大学的公共物品的性质。因为,如果大学以营利为目的,就有可能违背公正原则,就有可能为了少部分人的利益而损害公众的利益。就目前而言,全球高校都遇到相同的问题,即如何凸显合作、交流、协调带来的益处,弱化商业性色彩及避免过度竞争。

三、全球性大学的定位

由于伙伴关系多样化和公私之间的界限日益模糊,我们需要对指导教育治理的各项原则,特别是将教育作为一项公益事业和全球公共物品的规范性原则以及如何在不断变化的社会、国家和市场环境下理解这项原则[①],加以反思。20 世纪 80 年代以前,绝大多数国家将高等教育视为一种典型的公共物品。20世纪 80 年代以后,世界银行组织的教育收益率计算和研究结果表明,在高等教育上,个人收益率高于社会收益率,从而使高等教育属于私人物品的观点逐渐获得发展[②]。这一观点直接影响了很多国家的政府对于高等教育的投资。在经历 20 世纪 90 年代的全球经济危机后,许多国家政府对于公共高等教育经费的投入减少,造成大学财政来源不足,大学需要寻求新的财政来源,以减少对于政府经费支持的依赖。全球性大学在这一背景下,建立全球网络,重新进行了全球性制度与规则的建构。

政府和私营机构都可以制定公共物品最大化的战略并进行实践操作[③]。高等教育领域的全球公共物品包括集体性全球物品,如规则、协议等,它们可以从国家或区域联盟机构获得,而且可以增进跨境认同和流动。当一个国家的教育显著地影响其他国家时,全球外部性效应就产生了。外部性效应也具有两面性,一方面在跨境流动中激发的创新可以产生正面影响,另一方面由此带来的人才外流也会产生负面影响。在正面的外部作用下,全球公共物品倾向于由私人及超越国家的机构和组织提供。如全球性大学在各校区所实施的统一的全球认知体系和学术自由条约等。

与此同时,全球性大学受外部影响也较大,尤其是全球性大学的海外分校受到东道国政府政策的影响非常明显,这些政策包括当地一般性的教育政策以及针对海外分校的具体政策。虽然许多国家在世界贸易组织多哈回合的谈判中,已经承诺将高等教育纳入适用服务贸易总协定的范围,但仍有不少国家的政府对高等教育进行着高度管制。

---

① 联合国教育、科学及文化组织. 反思教育:向"全球共同利益"的理念转变?[EB/OL].
　2015[2016 - 04 - 22]. http://unesdoc. unesco. org/images/0023/002325/232555c. pdf.
② 蒋凯. 全球化时代的高等教育:市场的挑战[M]:北京:北京大学出版社,2013.
③ 西蒙·马金森,石卫林. 全球知识经济中的高等教育[J]. 北京大学教育评论,2008,6(3):
　94 - 118.

　　全球性大学的情况较为复杂。全球性大学的运作模式有利于创造新的全球公共物品。这种全新的全球公共物品的创造是在全球流动的过程中脱离本国的空间,同时又依赖于流动目的地所在国家和地方的创新驱动而产生的。全球性大学的各校区财务相对独立,由于高等教育的国家属性,各校区享受的国家和地区的政策有所不同。一般而言,海外分支校园的收入主要依靠学费和本地政府的支持,不享有公立大学的国家学费补贴。然而,全球性大学海外分校满足了学生和社会的部分需求,在这些院校就读的学生是否应当获得当地政府的资助这一问题,仍有待讨论。这一问题或许需要超越国家层面的国际组织发挥作用,将之划归为跨境谈判的范畴①。大学也应当推动公共知识的创造和社会公正的教育,以此作为它们存在的合理性前提,并发挥自身追求真理的功能②。如何在高等教育领域避免滑向经济和市场指向的深坡,需要多方共同努力,以维护高等教育公共物品的属性。具体表现在:政府加强监管和支持,支持既需要财政方面的持续投入,也需要政策方面的支持;大学管理人员将教育的繁荣和所培养人才的综合素养作为衡量教育投入产出的标准。

　　由于全球市场处于碎片化和相对割裂的状态,主权国家角色"失灵",尤其是政策沟通的有效性和全球公共物品的供给方面极为缺乏,成为阻碍全球化发展的因素。以全球公共物品的视角考察全球性大学,对于全球化的良性发展具有积极意义。全球性大学的出现,为多国政府之间政策的沟通,尤其是高等教育开放和合作以及推动相关的人员、服务等支持政策的沟通,作出了积极努力。同时,全球性大学的出现,为跨国、跨境的高等教育公共物品的提供贡献了一种新的思路。大学、国家和地方政府可以为全球公共物品的提供构建一种新的模式,从而解决全球公共物品的供给问题。

　　全球性大学具有全球公共利益性,这种利益可以涵盖国家、人民及其后代。从全球公共物品角度确定全球性大学的定位,有利于政府和私人共同对全球性大学进行支持,以丰富全球公共物品的供给渠道。

---

① 西蒙·马金森,石卫林.全球知识经济中的高等教育[J].北京大学教育评论,2008,6(3):94-118.
② 卡洛斯·托里斯.新自由主义常识与全球性大学:高等教育中的知识商品化[J].许心,译.北京大学教育评论,2014(1):2-16.

第二节　系统论视角

系统论认为,任何系统都是一个有机的整体,具有开放性、整体性、关联性、动态平衡性、时序性等基本特征,它不是各个部分的机械组合或简单相加,系统的整体功能具有各要素在孤立状态下所没有的性质①。

按照系统论的观点,全球性大学是一种超然于国家主体存在的跨国高等教育联合体和学术共同体,是由位于全球不同国家和地区的两所及以上的大学组成的、可以颁发同一种学位文凭的大学系统。每个校区在全球性大学这一系统中都处于一定的位置,发挥着特定的作用。这一跨国教育联合体系统着眼于全球战略化和规模化发展,同时兼顾本地的适切性,实施基本一致的课程,遵循一致的学术规范,推行统一的管理模式,颁发同一学位。在这一联合体中,一般有一所母校和若干所分支校园。母校通常是世界一流大学,学术、科研全球领先,国际化程度较高,管理水平较为先进。每个分支校园都是一所独立的大学。母校和分校都可以被称为全球性大学的门户校园,每所门户校园都可以颁发母校的学位文凭。母校和所有分校构成的全球性大学是一个内部具有联动性、流动性特征的整体系统。全球性大学是一个有机系统,不是母校区和海外分校的简单组合和罗列。这一有机系统具有整体协同发展性,经过系统内的结构优化整合以及制度的设计,可以使系统发挥规模和整体优势,以获得单个校区所没有的性质和优势。

一、全球性大学的系统要素

全球性大学由若干本地独立的教育实体法人构成,这些独立的教育实体以共同的战略发展目标为链接,以共享师资、课程和学生为线索,以共同开展活动、学术研究为平台,开展互动合作,实现内部紧密关联,共同应对外部竞争。全球性大学的每所门户校区都是一所独立的大学实体,是全球性大学系统中的一个要素。

然而,各校区作为全球性大学的组成要素,彼此之间并不是孤立地存在,而

---

① 赵文华. 高等教育系统论[M]. 桂林:广西师范大学出版社,2001.

是具有联动效应的校区有机联合系统。各校区皆可看作全球性大学的门户,同时各校区之间相互关联,构成了整体中不可分割的一部分。

二、全球性大学系统的结构与功能

全球性大学与其他大学类似,其结构主要是围绕学术和管理两部分进行组织。就大学而言,学术发展和行政管理历来是大学的两大主要组成要素,也是管理者和外界评价一所大学重点关注的两大要素。学术发展要素包括学生、教师、课程与研究;行政管理要素包括领导者、组织架构、资产管理、风险控制等。

功能是指系统内各要素如何运作并达到目标的功用和效能,是系统目标的一种外显。在全球性大学系统中,对学术发展维度各相关要素以及行政管理各相关要素及其功能进行考察,有利于较为客观地认识全球性大学各校区如何在学术和管理两大结构方面进行要素流动和相互作用。这为后续考察全球性大学的要素,尤其是全球性大学管理决策机制,提供了一种理论分析视角和框架。

三、全球性大学系统的特色

从系统论角度来看,在如今全球化背景下,各国经济、政治、社会等已经形成了一个全球系统。而由于国际环境中学术交流的人员日益增多及人员流动性的增加,处于这一全球系统环境下的全球性大学也发展成一个有机整体。

全球性大学系统具有开放性。在这一开放性系统中,学生和教师自由流动,知识在这一系统中也随着人员的交流而获得交换和激发,促进了知识的更新与传播。在知识和人员的跨国流动中,全球性大学这一系统与本地自然环境和社会环境不断进行互动,呈现交互性特色。然而,全球性大学系统与本地的环境之间是有边界的,这就是各国文化、价值观等。全球性大学系统需要通过系统的开放性和交互性在本地环境中取得合法地位。

第三节　全球本地化理论视角

各国高等教育在加强国际交流与合作时表现出全球一体的趋同化发展态势,与此同时又不断强调本土的独特性。本土和全球是辩证和相互关联的,不存在没有与全球相联系的本土,也没有脱离本土的全球。

在全球化对本土的影响方面,学者们大多会提及两种观点,第一种观点认为全球化是一种以西方国家为主的文化输出国对以东方国家为主的文化输入国的蚕食;第二种观点认为输入国正在抢夺输出国的人才和就业机会。在全球化的推进过程中,经济方面的数据容易统计,然而涉及文化和思想的传播却难以衡量。在文化方面,以美国为例,其自身文化的变化也很大,这一变化主要是来自移民的影响。目前拉丁裔和亚裔所占美国人口的比重逐步攀升,伊斯兰教和汉语在美国的传播范围也日益广阔,这些都渐渐影响着美国的国家文化。在全球化方面,世界各国都在极力维护自己的文化特征。全球化程度越高,各国对自己的文化特征反而越为关注[1]。因而,以上关于全球化对本土影响的偏见需要澄清,我们需以辩证的态度对两者的关系和影响加以综合分析。

根据阿尔文·托夫勒的观点,第三次全球化浪潮使个别国家的权力大为削弱。民族国家受到了上推和下压的力量钳制:上推的力量希望把权力由国家传递给国际性机构和组织,下压的力量希望把政治权力由国家交到较小的地区和集团中,高度科技国家在两股力量的钳制下分裂成势力较弱的小单位[2]。今日各国之间紧密的政治经济联系,使任何一个单一政府无法独立应对和解决新的经济问题和环境问题。此时,全球性大学与跨国企业一样,作为超越国家主体的新角色登上历史舞台。

中国比较教育学界很早就提出"教育是民族的,也是世界的",这一提法与教育的全球本地化的基本思想不谋而合。但是,这一提法没能在逻辑上说明"民族的"和"世界的"之间的关联性。两者间的关系是如何建立起来的?又是如何相互推动的?构建两者关联性的动力机制何在?这些问题的存在,使得这一高瞻远瞩的提法遗憾地停留在表面,成为一种口号式的宣言[3]。从全球本地化的视角对全球性大学展开解读,可以为构建两者的辩证统一关系做出尝试。要想做到这一点,需要用全球整合一体化的视角审视本地问题,用本地适应的方法论视角进行全球一体化整合。

21世纪以来,全球性大学与很多跨国企业一样,处于同样的社会经济全球化的环境之中。全球性大学与跨国企业因为具有同样的跨国性特点,其管理模

---

① 约翰·奈斯比特.世界大趋势:正确观察世界的11个思维模式[M].魏平,译.北京:中信出版社,2010.

② 阿尔文·托夫勒.第三次浪潮[M].黄明坚,译.北京:中信出版社,2006.

③ 康瑜.高等教育全球化:一个全球地方化视角的解读[D].上海:华东师范大学,2008.

式、组织架构、文化适应等方面也面临着共同的境况和问题。两者在目的性方面存在本质的区别，跨国企业是营利机构，其目的在于谋取更多经济利益；而全球性大学属于高等教育领域，其属性是全球公共物品。即便全球性大学办学的部分动机包括增加自身财务收入，然而其更多关注的是学术、品牌、声誉、文化等方面的收获。全球性大学的研究目前没有公认的统一分析工具，现有文献主要聚焦于海外分校管理的复杂性和特定问题的解决办法。既然全球性大学和跨国企业存在诸多相似之处，我们可以尝试采用国际商务领域研究跨国企业的一些理论模型，分析全球性大学这一新生事物的部分属性、管理情况和发展趋势。在众多的理论中，全球一体化与本地反应模式理论是国际商务领域研究跨国企业获得广泛认可、文献引用较多的理论之一。

　　这一模式理论由普拉哈拉德和多兹于 1987 年提出，最早应用于国际商务领域，并在研究中不断获得发展。全球本地化模式强调跨国公司面临着根本性的冲突。一方面，跨国公司要在全球范围内提供标准化的产品或服务，使他们能够获得规模经济效益，建立强大的全球品牌。例如，可口可乐和苹果公司是世界上极具价值的两大制造商，他们在全球各地销售其标准化的产品。另一方面，如果不同国家市场间的需求不同，跨国企业可以通过销售适合本地需求的差异化产品实现销售和利润的增长。例如，麦当劳在旗下所有餐馆中提供一个最具代表性食物的标准化核心菜单，如"巨无霸"，但是也允许提供本地化程度越来越高的菜单。麦当劳将这一调整菜单做法的目的描述为反映麦当劳餐馆所在的每个国家的不同口味和本地传统。各个国家都有权利定制自己的菜单，麦当劳尊重这种文化习俗差异。一些研究的结果曾表明，母国和东道国之间的文化、社会差异或监管距离越大，本地化定制的压力就越大。麦当劳在进入印度教信徒的市场时，为了尊重宗教习俗的差异，在这些市场中销售的"巨无霸"用鸡肉代替牛肉。菜单的本土化调整，使麦当劳不仅仅被看作一个国际品牌，还是一个让本地人感到舒服的品牌。在极端情况下，如果文化差异太大，没有根本性的适应调整和变化，可能发生产品不能售卖的情况。例如，贝克啤酒由于含有酒精，只能在印度的部分州售卖。生产商通过消除产品中所有的酒精，将其产品变更为一种啤酒口味的软饮料，以扩大其在印度的市场①。

① Healey N M. The challenges of managing an international branch campus: an exploratory study [D]. Bath: University of Bath, 2015.

全球本地化模式可以被视为是 20 世纪 80 年代波特通用策略的一种全球应用。波特提出,企业可以通过提供比其竞争对手更低的成本以及区分其产品或服务的差异化策略,追求竞争优势,以更好地迎合消费者需求,收取更高的价格。全球一体化可以让企业利用规模经济,以较低成本提供产品和服务;本地反应可以使企业开发更紧密地贴合当地需求条件的产品和服务,体现差异化。成本领先是大众市场的主导战略,而产品差异化可以成功处理企业从中寻求利润空间的细分市场。渐渐地,许多公司同时追求成本领先和产品差异化战略。然而在全球本地化模式中,两个极端本质上是相互排斥的:产品、服务要么是标准化的,要么是符合本地市场需求定制化的。从企业的观点来看,两者都是可取的,但是两者都需要在牺牲另一方的利益后方能实现。全球本地化模式表明,企业会基于自身利益最大化的原则在两者间做出选择。从逻辑上讲,作为牺牲规模经济的结果,本地适应的边际效益仅仅抵消了边际成本。全球一体化和本地反应之间的最佳权衡取决于跨国企业的性质和环境因素。例如,如果一家跨国企业是一家生产型企业,消费者看重诸如手机等标准化产品的兼容性和互用性,那么本地反应侧的拉力极少,最佳权衡将会接近全球一体化。全球一体化与本地反应之间的权衡会有自证性,尤其在决策集中程度上。如果一家跨国公司是全球一体化的,这表明公司总部决定产品的开发和销售,子公司仅仅是实施方。另一方面,如果跨国公司允许本地反应程度较高,其子公司在决定其产品范围和定价策略方面会扮演更为积极的角色。

巴特莱特和戈沙尔于 1987 年基于波特的理论确定了三种不同类型的跨国组织。前两种是波特理论中提到的全球一体和本土反应的两种极端类型,即:使用全球战略提供全球标准化产品和服务的全球一体型跨国公司和使用多种国内策略,允许子公司开发差异化产品以满足当地需要和条件的本地反应型公司。第一类的全球一体型跨国公司关注世界市场,不太关注国家和地方的期望,这种类型的公司一般追求产品高集成化和高标准化;第二类的本地反应型跨国公司关注本地,以适应和满足国家和地方的需求及期望为主,利用本地范围实现经济的差异化,集成化程度较为松散。

在这两种类型之外,他们还提出了第三种类型,即中间型的跨国组织。这类跨国组织使用跨国策略通过对本地环境的适应以达到规模效应。从他们提供的象限图(见图 3-1)来看,跨国策略是一种基于全球一体化和本地反应的平衡。跨国组织试图同时应对全球和本地的力量。换句话说,他们同时进行一

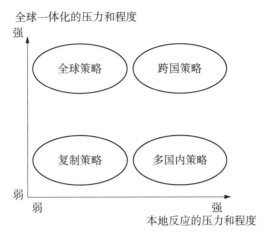

图 3-1　全球—本地维度的跨国公司管理策略①

体化协调和差异化的本地反应,寻求经济的规模效应和边界效应。

　　沙姆斯和豪斯曼②于 2012 年将全球本地化的理论模式引入跨国高等教育领域,分别从课程、研究、教师三方面的全球一体化和本地反应的综合情况着手,构建了分析海外分校策略的框架。

　　图 3-2 中的三个轴分别代表课程、研究、教师的全球本地化维度,轴的方向指向该元素的本地化反应(适应)程度。在零点处,表示海外分校的元素完全反映着母校的元素,与母校一致。图中的两个三角形代表着采用不同全球本地化策略的分支校园。三角形 ABC 代表着一类分校,它们采取的策略是在教学内容的本地化上具有高度的自主性,而且本地的学术人员的数量也比其他工作人员高。然而,在研究方面,他们并没有明显集中在与本地有关的问题上。三角形 PQR 代表着另外一类的分支校园,在教职人员配备和研究方面的本地化程度较高,而教材却在很大程度上遵循全球标准。该模型中三个轴代表的三个方面也并非完全独立、互不影响。例如,一个全球标准化的课程如果由本地教师任教,学生也可以感受到一些本地化的经验。换言之,本地化的教职员工对

①　Healey N M. The challenges of managing an international branch campus: an exploratory study [D]. Bath: University of Bath, 2015.

②　Shams F, Huisman J. Managing offshore branch campuses: an analytical framework for institutional strategies [J]. Journal of Studies in International Education, 2012, 16(2): 106-127.

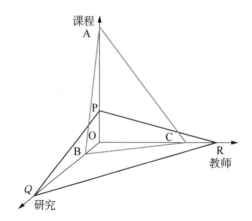

图3-2 海外分校课程、研究、教师的全球本地化模式①

课程本地化具有影响。影响的程度取决于本地教师授课时超出教材内容教授的数量以及学校对这种情况的控制程度。此外,沙姆斯和豪斯曼还提出这一模型具有开放性,目前该模型仅包括课程、研究、教师三个维度,今后如果有其他影响因素,也可以放入该模型中加以分析。

基于现有的文献,我们无法确定何种战略最好。可以确认的是,极端的位置将严重增加分校的风险,损害分校的可持续运作。全球性大学的门户校园能否正常运营取决于许多因素,包括东道国的法规和市场需求。有些因素超出了大学的控制范围。然而,该模型和分析框架可以协助管理者和领导者链接定位最有影响力的环境因素和条件,分析其长处和短处,使其活动模式脱颖而出。例如,如果全球性大学门户校园的模式类似于三角形 PQR,大学很可能被批评为文化帝国主义。大学可以让本地化的教职人员拥有更多的自主权,让他们针对本地的特点,因地制宜来定制他们的授课内容,从而解决这一问题和顾虑;同时,来自母校和其他门户校园的教师与本地教师在课程设计时相互交流,增加互动。围绕核心学科标准,在案例研究时添加本地化的元素也可以解决以上问题。三角形 ABC 式的全球本地战略模型,不太可能面临破坏当地价值观的指责和批评。然而,它可能会被批评没有提供与母校相同的课程。这个问题可以

① Shams F, Huisman J. Managing offshore branch campuses: an analytical framework for institutional strategies [J]. Journal of Studies in International Education, 2012,16(2): 106-127.

通过明确更为广泛的公共目标以及更大程度地规范课程全球标准化来加以解决。全球性大学的管理者需要平衡全球和本地的两端来创造竞争优势。为了在竞争激烈的市场中取得成功,他们需要在母校所在国和东道国的市场上部署资源和应对市场需求。

此外,2002 年马金森和罗兹提出了全球—国家—地方的三维能动模型,指出高等教育活动有三个互相联系的层面:全球、国家、地方①。这是基于三方面的原因:第一,高等教育受到全球经济、政治、文化的影响;第二,各国政治、经济、文化、教育受到区域贸易组织的影响;第三,高等教育需要体现民族文化,同时面临着保存和促进本地文化认同和独立的挑战②。马金森认为比较高等教育需要一个新的分析框架,一个超越迄今几乎完全依赖国家政策和国家市场的分析框架。以往以国家为分析单位的国际比较框架在如今全球力量的崛起中,已经显得不够,需要置之于新的分析架构中。他们为此提出了全球—国家—地方的能动模式框架。这一框架突出全球机构以及全球机构与国家和地方之间的关系,同时强调了本地机构在国家和全球层面的持续发展力,专注于互惠、实力、层次、条件和领域的概念。该框架认为高等教育机构及其活动同时存在于全球、国家、地方三个领域中,具有多重关系,且相互流动、相互影响。

笔者借鉴这些理论,从全球一体化和本地反应两个维度对全球性大学进行分析。其中,全球一体化是跨越国家层面的维度,而本地反应则分为国家和地方两个层次。在全球本地化战略的基础上,本书尝试构建出一个解读全球性大学的包含全球—国家—地方三层次的理论分析框架。

教学、研究和服务社会是全球性大学的三大功能。在沙姆斯和豪斯曼的模式中,教学和研究活动是全球性大学的最基本和最主要的活动。

如果全球一体化的程度高,而本地反应的程度较低,全球性大学的分支校园属于接受子公司的类型。这意味着,各种课程先在母校进行打包,然后发送到分校,教职人员会从母校调派往海外分校。然而,如果全球一体化程度低,而本地反应的程度高,分校则属于自主子公司的类型。在这种情况下,教职人员将在本地招募,他们具有适应本地需要和改变课程的自主性。本地需求既包括

---

① Marginson S, Rhoades G. Beyond national states, markets, and systems of higher education: a glonacal agency heuristic[J]. Higher Education, 2002,43(3):281 – 309.

② 蒋凯. 全球化时代的高等教育:市场的挑战[M]:北京:北京大学出版社,2013.

强制性适应东道国政府的要求,也包括大学自愿主动调整课程。换句话说,后者是为了关注目标市场满意度而为之所作出的一种改变,如此全球性大学在东道国的合法性得以增加。

研究活动是高校的另一组核心活动。关于研究的本地适应战略,可以通过创设条件和设施,激励研究人员,以指导他们的研究主题与东道国的本地背景直接相关。不鼓励研究人员把精力集中在地方问题上,可以解释为研究活动的标准化。

当母校所在国与东道国之间的制度距离很小时,全球性大学的海外门户校园更容易像活跃子公司那样发挥作用。因此,两种对立的策略不会面临强烈的矛盾挑战。在理论上,如果全球性大学能通过管理保持全球一体化和本地反应的高程度,使其分校区成为一个活跃的子公司的话,那样就是非常理想的状态。然而,在现实中,制度距离的鸿沟使这种情况不太可能发生。实际上,大学将根据在课程、人员、研究这三个领域全球化和本地化程度的组合来做出选择。

高等教育和知识同时具有全球性、国家性和地方性的特点①。全球性大学的发展是一个高等教育全球本地化的进程,在这个进程中,全球化和本地化相互渗透和影响,全球化中有本地化,本地化中有全球化。全球性大学的发展是一个包含共性和差异的过程,在这个过程中,全球性因素、本地性因素以及大学自身独特的学术属性相互影响、相互制约,共同构成了推进全球性大学发展的动力机制。这一动力机制从观念、制度、课程等多方面对全球性大学施加影响,从而使全球性大学表现出同质化和异质化趋势②。

一、全球性大学的全球维度表征

全球性大学的全球维度主要表现在如下几个方面:第一,全球性大学的门户校园全球分布,各门户校园的战略规划全球协同,具有全球使命;第二,全球性大学的教师和学生来自全球,采用全球基本类似的课程标准和内容;第三,全球性大学鼓励学生增加全球流动,包括跨国的学习、交流和实习;第四,全球性大学主导全球问题研究和全球合作,整合不同国家、不同领域、不同组织的力量

---

① Marginson S, Rhoades G. Beyond national states, markets, and systems of higher education: a glonacal agency heuristic [J]. Higher Education, 2002,43(3):281-309.
② 康瑜. 高等教育全球化:一个全球地方化视角的解读[D]. 上海:华东师范大学,2008.

共同了解当今全球文化、经济和政治,同时应对全球共同面临的环境可持续发展、健康等问题,并积极参与全球性机构,对全球性议题和政策的制定发挥影响;第五,全球性大学追求全球性品牌和全球性声望,在全球范围内辐射学术影响力,通过知识的创新和发现,造福全球民众,培养全球公民。

全球化将部分发达国家的经济、政治、文化价值观拓展到世界各地。这点在全球性大学中,体现为将西方发达国家的教育制度、课程和程序传播到其他门户校园所在的东道国。在全球性大学体系内,遵循基本类似的学术规范和程序,课程模式和活动都具有全球统一的标准和质量控制。全球性大学在系统内规范各门户校园跨越国界的课程、教职员工和研究,基本保持同样或类似的标准,确保全球性大学系统内所有校区的学生接受同样的服务,获得同样的学习体验。

一方面,全球性大学需要规范跨越国界的课程、教职员工和研究,确保全球性大学系统内所有校区的学生接受同样的服务,获得同样的学习体验。另一方面,分校所在东道国的文化认知、规范和管制距离迫使大学为适应当地环境接受一定的调适,即本地反应性。如果全球性大学忽略了环境压力和适应需求,坚持其原有标准,即在各分校提供与母校完全一致的课程和使用母校的教职员工,该机构或将面临被指责为文化帝国主义、新殖民主义等危险,其合法性亦可能受到损害。此外,不遵守东道国的规定可能会导致东道国政府取缔他们的活动。这种在东道国的失败将对母校和其他海外分校的声誉造成负面影响。如果全球性大学完全顺从本地适应力,偏离组织标准,海外分校就会面临失去其内部合法性的风险。这意味着该机构的全球化整合将无法跨越国界,学生担心他们无法接受与母校和其他校区相同的教育服务,雇主们也可能不会认为他们的文凭证书与母校颁发的文凭价值相同。因此,全球性大学既不能忽视全球一体化,也不能忽视本地反应能力,需要同时关注和解决这两方面的问题。

二、全球性大学的国家维度特征

从高等教育全球本地化的维度看,高等教育全球化发展并不意味着一个全球性的高等教育模式或者全球大学对原有高等教育的代替,而是以国家为单位的高等教育在实践其全球化进程。在这个进程中,虽然出现诸如 21 世纪大学联盟或者联合国大学等形式的全球性机构,但这些机构不可能真正替代各国原有的高等教育体系和结构,也不代表高等教育全球化的唯一方向。不同国家的全球性大学有着自己的独特性和相互之间的差异性。

尽管全球化将部分发达国家的政治和文化价值观拓展到世界各地,然而这种拓展和延伸的全球性并不排除地方的特性,而是与本地不断进行交互活动,并在与本地的互动中不断修正和转化需求。全球化不是简单地将部分发达国家的整套自由市场资本主义、新自由主义的政治价值观以及西方的通信技术拓展到世界各个角落。全球一体化理论的建构以及大学对全球化的本地反应是一个高度复杂、矛盾、模糊的过程。如果全球性大学在海外校区拓展过程中忽略东道国的环境和适应需求,一味坚持其原来标准,即在各海外分校提供与母校完全一致的课程和使用母校的教职员工,那么这一海外分校在东道国的合法性可能受到损害。这种做法也极有可能被指责为文化帝国主义、新殖民主义等。此外,不遵守东道国的规定和国家制度,可能会导致政府取缔门户校区的相关活动。这种失败的案例的影响非常恶劣,将会极大损害全球性大学系统内其他门户校区的声誉。

全球性大学的门户校园需要适应东道国的文化认知、规范和管制。正是这些本地维度的因素,使大学需要考虑本地反应,对当地环境进行一定的调整和适应。创办全球性大学是具有政治、经济、文化、教育等多层面意义的复杂活动,政治上跨国合作办学是国际交流的重要形式,可服务于一定的政治目标。经济上创办全球性大学减少了出国留学带来的人才外流和资金流失,也适应了高等教育国际化对人才的需求。全球性大学的合作办学增进了文化交流,人员往来,可以推动国家间教育、文化和社会各方面的了解和沟通,也有利于吸收各国先进文化,促进国际理解。

三、全球性大学的地方维度特色

大学在全球范围内遵循标准化管理的"母校中心主义"的全球一体化策略,有利于其在全球范围内达到协调和统一;与此相反,在全球各校区采用适应当地管理模式的"本土中心主义"的本土化策略,则有利于在东道国实施差异化和本地化管理。实施兼具"母校中心主义"和"本土中心主义"优势的全球本地化策略是全球性大学顺利运作的关键,思维全球化、行动本土化是全球性大学本土化策略的核心所在。全球本土化的思想基础是通向自由、和谐的多元文化主义[①]。

---

① 单波,姜可雨."全球本土化"的跨文化悖论及其解决路径[J].新疆师范大学学报(哲学社会科学版),2013(1):41-48.

全球性大学在地方维度的本地反应,主要表现为以母校为中心的课程、规范、管理等在迁移过程中所经历的跨文化冲突和建构以及本地民族特性的保留问题。全球性大学在形成过程中构建了一种互惠式关系。在这种关系中,校区的运作是通过相互适应、交流互动,不断探索和激发新知识,逐渐打开文化创造视野而完成的。其核心是跨文化合作,其内在逻辑是:课程、规范等在从母校向其他校区发生迁移行为时,产生了权力竞争关系,为了使迁移有效进行下去,双方在互动中形成关于迁移行为和文化行为的权力规则与文化规则,并在具体的文化创造中协商可争议的问题,整合成共同目标,达成跨文化合作。文化的相互影响和吸收不是同化与合一的过程,而是一个创新的过程,是文化在不同环境中转化为新物的过程。在冲突、差异、多元等文化交往语境中,迁移大学的课程与规范,无疑扩展了全球本土化的思维空间①。

本地城市的经济系统和人口结构对于全球性大学也具有十分重要的影响。根据在上海纽约大学开展的部分教职人员的访谈和问卷调查,部分职员选择在位于上海的中外合作大学中工作是因为上海这座城市的开放和活力所带来的吸引力。此外,地方的财政支持对于全球性大学门户校园的本地发展、品牌塑造和可持续性也十分重要。上海纽约大学的财务收入来源,目前排在第一位的是上海市政府的支持,其次是大学学费以及教学科研服务所得收入,排在第三位的是各界的捐赠。

全球性大学从实质上来看,是全球一体化与本地反应相融合的一个结合体,整个系统称为全球性大学,而在系统中的各分校区可以称为全球地方性大学。如纽约大学可以称为一所全球性大学,其中美国纽约大学、纽约大学阿布扎比校区、上海纽约大学可以分别定位为一所全球地方性大学,既是纽约大学这所全球性大学系统中的一部分,又是依托本地发展的一所地方性大学。

第四节　全球性大学的内涵与特征

在回顾全球性大学的形成过程,并基于全球公共物品理论、系统论和全球

---

① 单波,姜可雨."全球本土化"的跨文化悖论及其解决路径[J].新疆师范大学学报(哲学社会科学版),2013(1):41-48.

本地化理论对全球性大学进行分析后,笔者将全球性大学定义为:一种跨国高等教育联合体和学术共同体,是由位于全球不同国家和地区的两所及以上的大学组成的、可以颁发同一种学位文凭的大学系统。这类大学具有全球发展观,在全球建立多个门户校区,开设基本相同的课程,实行基本统一的课程标准,颁发同一种学位文凭。全球性大学鼓励全球视野与本地适切的融合,鼓励多元文化交流,以培养全球公民或适应全球化市场需求的学生为己任,希望提升大学的全球声誉和品牌影响力。

一、全球性大学的内涵

全球性大学,具有独特的全球多校区发展联动的特征,也可称为全球多校区大学。全球性大学在多元巨型大学的基础上,叠加全球性、跨国性的特征。全球性大学以全球发展作为大学战略目标,期望提升全球声誉,建立全球品牌优势。它们具有战略全球性、目标全球性、师资全球性、课程全球性、合作全球性、校区全球性等特点。如果用美国纽约理工大学校长爱德华·奎里亚罗斯对于全球性大学的描述,全球性大学需包含一些要素:全球分布的校区、统一课程和学位、统一评估、统一管理、统一质量①。

对于全球性大学的内涵认识,可以从不同维度予以阐述。从空间角度来看,全球性大学跨越国家地理区域的限制,系统中的母校先于其他分校存在,分校在母校的支持和运作下获得新生与拓展,分校与母校共享学术声誉。这一跨国教育联合体系统着眼全球战略化和规模化发展,同时兼顾本地的适切性,实施基本一致的课程、遵循一致的学术规范、推行统一的管理模式,颁发同一学位。在这一联合体中,一般有一所主校(或母校)和若干所分支校园。主校通常是世界一流大学,学术、科研全球领先,国际化程度较高,管理水平较为先进。每个分支校园都是一所独立的大学。母校和分校都可以被称为全球性大学的门户校园,每所门户校园都可以颁发母校的学位文凭。母校和所有分校构成的全球性大学是一个内部具有联动性、流动性特征的整体系统。

从局部与整体关系来看,全球性大学由若干所本地独立的教育实体法人构成,这些独立的教育实体以共同的战略发展目标为链接,以共享师资、课程和学生为线索,以共同开展活动、学术和研究为平台,开展互动合作,实现内部紧密

---

① 张春丽.世界大学校长论坛 教育国际化有标准吗? [N].光明日报,2011-08-19.

关联,共同应对外部竞争。全球性大学的每所门户校区都是一所独立的大学实体,是全球性大学系统中的一个要素。然而各要素即校区之间并不是孤立的存在,而是具有联动效应的校区有机联合系统。各校区皆可看作全球性大学的门户,同时各校区之间相互关联,构成了整体中不可分割的一部分。

二、全球性大学的基本特征

"从一个任务到少数,到很多任务;从为少数人,到为大多数人服务。"①这是克拉克·科尔使用"多元巨型大学"这一术语所描述的"真正的现代大学"。克拉克·科尔揭示了 20 世纪 60 年代以来,现代大学所具有的教学、科研、服务等功能以及向大众化发展模式的转变。然而,20 世纪 90 年代以来,尤其是进入 21 世纪,全球、国家和社会的转型不断重塑着大学的角色与功能②,现代大学在全球化进程中被赋予了新的时代特征,这一特征便是全球性、跨国性的维度。全球性大学,或者说全球多元巨型大学,开始登上历史舞台。

全球性大学,也可称为全球多校区大学、全球多元巨型大学。虽然这类大学是多个大学组成的系统,但与全球范围内各大学组成的大学联盟有所不同。这种不同主要表现在组织架构和角色的不同上。大学联盟通常遵照各独立大学之间签订的协议,来共同推进一些合作项目。而全球性大学则由系统内的学术机构、管理机构负责运营管理。

全球性大学观所描述的全球性大学,注重全球流动性、科研以及大学的全球排名,全球性大学将界定高等教育的未来。全球性大学观是对传统大学观范式的创新性革命式发展,全球性大学的建设除了国际学生比例提高和国际问题研究加强,还将在开展教学科研和提供服务的内容、对外合作范围的深度与广度、培养学生的全球能力等方面进行探索变革。一所大学是否可被定义为全球性大学,须视其目的和行动的出发点而定。全球性大学的根本特征是其办学目的和行动的全球性③。

---

① 克拉克·科尔. 大学的功用[M]. 陈学飞,陈恢钦,周京,等译. 南昌:江西教育出版社,1993.
② 卡洛斯·托里斯. 新自由主义常识与全球性大学:高等教育中的知识商品化[J]. 许心,译. 北京大学教育评论,2014(1):2-16.
③ 卡洛斯·托里斯. 新自由主义常识与全球性大学:高等教育中的知识商品化[J]. 许心,译. 北京大学教育评论,2014(1):2-16.

（一）大学办学目的的全球性

1. 制订大学全球发展战略并组织保障其良好实施

全球性大学办学目的的全球性，首先体现在这类大学制订的学校发展战略规划中。正如美国学者寇普对于大学战略规划所描述的那样，战略规划是一种开放的系统，既是一种行为，也是一种手段。其主要目的是将大学的前途与周围可预见的环境变化联系起来，使资源的获得快于资源的消耗，从而成功地完成大学的使命①。

全球性大学的发展规划以全球性为目标，将全球视角和元素融入大学的教学、研究和服务管理中，明确全球性大学的性质，将全球性和国际化作为整个大学所有行动的指南和核心。纽约大学于 2008 年发布的《纽约大学面向 2031 年发展纲要》②中，便表现出向全球性大学迈进的雄心。发展纲要中提到的一项重要的战略便是将学校从"位于纽约，属于纽约"升级为"位于全球，属于全球"，实现从地区性大学向全球性大学的转变③。诺丁汉大学在学校 2020 年全球发展战略目标中，明确提出了要将该校建设成一所真正的全球性大学，做到"全球化思考，本地化践行"，并期望从国际化中获得有利的竞争地位④。

其次，战略规划的实施，与战略规划的制订同等重要。战略规划不仅仅是一个规划文本，更是一种规划过程，是大学进行资源分配和整合的过程⑤。全球性大学创新机制，革新管理机构，从管理模式、基金资助等方面为全球发展战略的实施创造更多可能并扫除障碍。围绕全球性这一核心特征和任务，全球性大学在领导层设立了负责大学全球化的副校长或校长助理职位，专门为大学全球性战略的推进、全球性项目的实施和协调提供保障。全球性大学在其内部新设或指定特有部门来协调整个大学的全球化项目的实施，孵化全新的全球协作和行动，推动全球性大学建设。纽约大学提出建设全球协作网络，成立了全球

---

① 王英杰，刘宝存. 世界一流大学的形成与发展［M］. 太原：山西教育出版社，2008.

② 张继龙. 从规划文本到决策准则——《纽约大学 2031 年发展纲要》的内容及启示［J］. 高校教育管理，2015(1)：71 - 75.

③ NYU. Global University ［EB/OL］. ［2017 - 01 - 20］. http://nyuad. nyu. edu/en/about/global-network. html.

④ 诺丁汉大学. 2020 年全球筹略［EB/OL］. ［2017 - 01 - 15］. http://www. nottingham. ac. uk/about/documents/gs2020-chinese-web. pdf.

⑤ 王英杰，刘宝存. 世界一流大学的形成与发展［M］. 太原：山西教育出版社，2008.

教师委员会,负责有关全球协作网络事务的讨论和决策。学校设有全球服务办公室、全球项目办公室等,同时还有负责全球协作网络事务的协调教师职位。2016年下半年,纽约大学新增两名副校长助理职位,其中一位负责全球协作网络的师资规划,另一位负责全球协作网络的学术规划。为促进教师团队全球协作和开展合作研究,纽约大学三所门户校园的教务长联合设置全球种子基金,2016年遴选了26个在多校区间开展合作研究的教师团队给予资助[1]。

2. 以培养具有全球意识和竞争力的公民为己任

2015年联合国教科文组织与韩国政府共同主办"世界教育论坛",论坛主题为"通过教育改变人生",并通过了迈向2030年教育新愿景的《仁川宣言》。宣言指明,优质教育能培育创造力和知识。政府通过可持续发展教育和全球公民教育,培养公民养成健康、充实的生活习惯,做出合理决定,并使他们具备应对地区和全球危机的能力和价值观。培养学生是大学的首要和最基本的职责。全球性大学最根本的任务便是培育具有全球意识的全球公民,其中全球意识指的是一种对于全球经济、政治和社会等多样性而引发的挑战和困境的客观认识与真实理解。全球性大学通过科学研究创新知识生产,并通过合作研究和教学,培养学生的全球意识,致力于培养适应全球化世界中自然资源、社会结构、文化价值观多样性的学生,培养具有全球竞争力的领袖人才。

纽约大学在招生、课程设置、校园生活等方面为培养学生的全球意识创造条件。纽约大学致力于在全球校区招募全球优秀的学生,并提倡实现学生群体多样化。如上海纽约大学的学生一半来自中国,另一半来自世界其他60多个国家和地区。学校鼓励学生修读海外学分,在纽约大学全球协作网络中,三个学位授予校区的学生除了从所在校区的国际学生的多元文化冲突与交融中获得文化多样性的体验之外,还会因为选修海外课程而重新获取一轮全球化的经验。在校园生活方面,上海纽约大学学生宿舍的每间房间都住有两种以上文化背景的学生,以帮助促进学生相互理解与合作。

3. 追求全球性声望并形成全球性品牌

追求较好的全球大学排行榜位置,塑造全球品牌价值,是全球性大学的目标之一,也是全球性大学检验其办学质量、衡量其全球品牌价值的方式之一。

---

[1] NYU. Global Seed Grants for collaborative research [EB/OL]. [2016 - 10 - 31]. http://www.nyu.edu/faculty/faculty-in-the-global-network/global-collaborations.html.

泰晤士高等教育世界大学排名、美国新闻与世界报道的 U. S. News 世界大学排名、上海交通大学发布的世界大学学术排名、QS 世界大学排名等大学排行榜已成为各全球性大学关注的重点对象。纽约大学各门户校园具有较大的自主权,同时校区彼此间又有着千丝万缕、纵横交错的多向度联系,如教师共享、学生流动、课程跨区选修、合作研究等。纽约大学在整个系统内形成了一个有机整体,相互依存并相互影响,各分校在教学、科研和社会服务方面形成了整体力量,凸显出全球性大学的综合优势。这种优势在排行榜中也相应有所表现。根据上海交通大学发布的世界大学学术排行榜,纽约大学 2003 年位列全球第55 名,2009 年上升到第 32 名,2012 年跃升至全球第 27 名,并将这一名次保持了三年。

(二) 大学行动的全球性

从大学层面而言,发展成为一所全球性大学是国际化的一种表现。全球性大学与生俱来的国际化特色,较好地将全球视角和全球维度融入了大学各项工作中。因而,行动的全球性成为全球性大学的主要特征之一,全球性大学鼓励学生、学者、课程、研究等的全球流动。

1. 校园的全球流动

校园的全球流动是全球性大学的主要特征之一。21 世纪以来,全球性大学通过在全球范围内进行战略布局,扩展其全球校园实体,实现网络协作式发展,提升国际化水平。根据美国纽约州立大学奥尔巴尼分校跨境教育研究小组的统计数据,2015 年全球范围内大学的海外分校有 232 所,这一数据尚不包括24 所正在筹建的大学海外分校。

目前纽约大学在全球拥有三所可授予学位的校区,分别是位于美国纽约的纽约大学、位于阿联酋的纽约大学阿布扎比校区和位于中国上海的上海纽约大学。除此之外,纽约大学在全球各地还设有 11 所学习中心,分别位于阿克拉、柏林、布宜诺斯艾利斯、佛罗伦萨、伦敦、马德里、巴黎、布拉格、悉尼、特拉维夫以及华盛顿,这些学习中心与这三个门户校园共同构建了一个纽约大学全球协作网络。诺丁汉大学,在 2017 年泰晤士报优秀大学指南中,被描述为"英国最接近真正全球性的大学"。目前该校已形成了英国校区、马来西亚校区、中国校区三位一体的全球发展模式,在三所校区内都建有标志性建筑——钟楼。蒙纳士大学在澳大利亚设有 5 个校区,分别为伯威克校区、考菲尔德校区、克莱顿校区、帕克维尔校区、半岛校区，均位于维多利亚州墨尔本市及附近。同时蒙纳士大学以澳大利亚为本部向全球拓展校区，目前已陆续在马来西亚吉隆坡和南非约翰内斯堡建设了门户校区，与中国东南大学在苏州设有联合研究中心，与印度理工学院在孟买设立研究院，在意大利普拉托设有海外学习中心。该校现已成为澳大利亚最大的一所大学。

2. 人员的全球流动

尽管地区的整合和互联网虚拟技术等因素影响了目前对于全球学术流动的定义以及全球流动范围的认定，我们在此仍将遵从传统意义的流动概念，即将个体在国外大学为获得某种学术体验而进行的物理流动称为学术流动。学术流动包括教师学者的全球流动以及学生的全球流动。20 世纪 80 年代以来，大学教师和学生在全球范围内的流动显著增加，大学国际化进程加快。联合国教科文组织与经济合作与发展组织的统计数据[①]显示，1975 年时全球外国留学生人数为 80 万，2010 年这一人数超过了 410 万。跨入 21 世纪后，全球留学生人数呈快速增长趋势，自 2001 年至 2010 年，全球高等教育阶段的外国留学生总数增长了 99%，年均增长率为 7.1%。

全球性大学通过自身遍布全球的门户校区以及与其他大学或机构签订协议建立的学习中心，促进大量学生进行流动，派送学生出国学习，帮助学生获得全球经验。纽约大学要求学生拥有至少一学期的海外学习经历，在课程设置中专门设有海外学分。纽约大学的全球协作网络，有 230 多个专业和 4 300 多门课程可供学生选择，学生有机会去任何一个校区或中心求学，确保学生可以有效获得全球经验。纽约大学的全球协作网络同时为教职员工提供开展国际和跨学科研究、教学和合作的机会。纽约大学在自身的全球体系内满足了其教师和学生在不脱离纽约大学教学科研氛围的情况下进行全球流动的需求，一定程度上缓解了全球智力角逐中的师资流失问题。

根据纽约大学的统计数据，从 2015 年 8 月 1 日到 2016 年 1 月 31 日的 6 个月时间里，纽约大学教职和管理人员前往 11 所学习中心的人数为 28 人，其中教职人员 24 人，管理人员 4 人；纽约大学的学生前往 11 所学习中心流动的人数为 3 490 人；非美国公民的纽约大学教职和研究人员到美国纽约大学和华

---

① OECD. Education at a glance 2012: OECD indicators [M]. Paris: OECD Publishing, 2012.

盛顿学习中心流动的人数为 354 人,其中教职人员 312 人(阿布扎比分校 3 人,上海纽约大学 2 人),研究人员 42 人。非美国公民的纽约大学学生到美国纽约大学和华盛顿学习中心流动的人数为 6 117 人(阿布扎比分校 161 人,上海纽约大学 67 人)。每年纽约大学大约有 60% 的教师学者和约 75% 的学生去往美国和从美国向外流动①。

3. 课程的全球流动

20 世纪 90 年代以来,全球化引发了大学办学模式的转变,一些大学对国际市场介入模式进行了探索和尝试。特许课程、联合办学以及目前关注较多的授予主校学位的海外分支校园都是跨国教育领域中比较常见的国际市场介入方式。除了人员的流动,全球性大学的很多课程也在全球流动。

全球性大学通过多校区建设,使得母校的优质课程在全球范围内流动,全球更多学生从全球性大学的这种课程全球传播中获益。全球性大学针对新出现的世界问题及对于这些问题的新研究专门设置了教职,开展全球问题联合研究。在课程的全球校区流动过程中,由于本地学生学习风格的多样性,对母校课程和教师教学方式的适应性有所不同,各地的文化和法制不同,全球性大学各门户校园中的课程内容无法做到完全相同。大学和教师们已经意识到这一问题。他们在课程的全球流动过程中,对来自母校的课程进行本地化调整,使学生能融入新的学习环境,同时国际内容被纳入课程教材,文化多样性得到认可。

随着社会的日益多元化及文化交流的逐渐增多,民族、文化和实践不断融合,公民身份的认知也有所转变,全球化和数字化以一种深刻而微妙的方式影响着世界。课程的全球流动体现了这种变化。北京师范大学毛亚庆教授在一次学术论坛中提出,大学的任务在于用理性的知识揭示真实的世界,指引良性有序社会的建构②。在课程全球流动形成课程国际化的背景下,我们可以凭借文化间的对话和辩论促进知识产出,转而创造出未知的新领域,形成新的理性知识,同时使学生更加意识到本国文化与他国文化的异同。课程的全球流动,

① Morrow C, Taylor J, Barsoum S. Mobility across NYU's global network report of findings [EB/OL]. (2016 - 03 - 10) [2016 - 11 - 03]. http://www.nyu.edu/content/dam/nyu/provost/documents/faculty-global-network/GlobalMobility3.22.16.pdf.

② 郭卉. 全球化时代的大学教育与管理——第六届中日高等教育论坛综述[J]. 高等教育研究,2013(11):107 - 109.

或者说课程的国际化,其本身并不是一种终极目的,而是促进师生跨文化能力获得提升与发展的一种有效手段。

4. 资金的全球流动

西方国家中,政府对高等教育财政支出与高等教育需求处于不平衡状态。随着政府对高等教育财政支出的减少,很多大学需要寻求外部资金支持,以支持大学的研究与发展。全球性大学国际分支校园的开设,很多最初都是出于吸引捐赠投资和增加大学收入的目的。澳大利亚蒙纳士大学在 1999 年就制订了一份通过国际化路径来减少对政府经费资助的依赖的计划。蒙纳士大学在 2010 年已经拥有来自 158 个国家(地区)的 21 114 名国际学生,收入达到 2.5 亿美元,从而成为澳大利亚的年度出口大户①。纽约大学 2010 年在阿拉伯联合酋长国的首都阿布扎比市开设新校区,建校和办学的资金都由阿联酋政府承担。阿拉伯皇室提供了 15 亿美元的校区启动资金,并捐赠 5 000 万美元给纽约大学。2013 年上海纽约大学开始正式招生,其在校舍建设、开办基金等方面也获得了上海市政府的支持,除了获得无偿使用的房屋土地外,还获得了 4 100 万元的开办基金。

5. 文化的全球流动

伴随着全球性大学师生、课程等要素的全球流动,全球性大学中来自多地区的多元文化在"全球场"中进行新的文化模式和文化关系的生产和交流,生成相互交融的新文化,形成文化的全球流动和再生产。大学通过课程的传播和流动,塑造了大学文化品牌。有些学者将全球性大学海外校园的定位用全球本地性(glocal)这一词语进行形象的表述,体现了全球性大学所具有的全球性与本地性相结合的二元属性。全球性大学的海外校园,教学人员很多是来自母校的教授,学生体验和获得的是母校所在地教育和文化的熏陶。然而由于校区的本地化以及学生来源的多样化,学生受到多种文化的浸入式影响,其在就读期间收获的不是纯粹单一的文化,这种文化交融最终培养出既具有全球视野又兼具当地文化关怀的学生。

全球性大学的发展过程,既是大学的全球化过程,也是大学的本地化过程。这种矛盾正是全球性大学的重要特征之一。综上所述,全球性大学具有几大特

---

① 赵中建,陈晨. 大学与经济增长——来自第六届全球大学峰会的呼吁[J]. 世界教育信息,2013(18):8-14.

点：具有全球性的战略统筹规划；追求全球性品牌和声望；鼓励学生和教师进行全球流动；培养全球公民；鼓励全球问题研究，面向全球服务和项目合作；积极参与全球性机构，对全球性议题和政策制定发挥影响；遍布全球的校区分布与协同式发展。

第四章　全球性大学的学术发展特色

本章主要对全球性大学的学生、教师、课程、研究等方面的管理实践进行分析和比较,概括全球性大学在人才培养模式、教师资源开发以及学术质量控制管理等方面的特点,从而探讨全球性大学学术管理发展的现状与特征(见图4-1)。

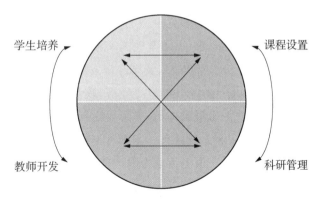

学生培养　　课程设置

教师开发　　科研管理

图4-1　全球性大学的学术管理要素

从目前全球性大学发展的总体情况来看,中东地区和东南亚地区是全球高等教育的重要关注地区,也是一流大学寻求本地合作伙伴的集中区域。本章将结合对纽约大学、诺丁汉大学和蒙纳士大学的观察进行分析。其中,纽约大学在阿联酋和中国都建有校区;诺丁汉大学在马来西亚和中国建有校区;蒙纳士大学在马来西亚和中国分别建有校区和联合研究所。这三所大学的海外分支机构所处的地域可以说覆盖了目前国际高等教育输出的热门接受国。同时,这三所大学的母校分别位于美国、英国和澳大利亚,也是当今世界教育输出最多的三大国家。这三所大学在全球性大学的研究领域具有代表性,较能说明全球性大学目前的发展现状。

本章将从全球性大学的学生发展、师资开发、学术管理三个方面进行分析。

第一节　全球性大学的学生发展

从大学兴起的历史来看,学生和教师在大学学术管理中历来担任着非常重要的角色。如何促进学生发展、实现个体社会化是大学的永恒话题和根本任务之一。同时,大学通过培养学生来促进社会的发展,为社会服务。在如今更为多样化的全球社会中,要使学生适应全球化社会,并使学生能够在全球化社会中发挥自如,就要大学提供相应的教育机会。

早在1998年,美国国际教育委员会就曾发表声明,认为美国的未来取决于其是否可形成一个具备全球竞争力的公民基础。美国需要民众更多了解其他国家和地区的民众的思维,了解其他国家和地区的文化以及其他国家对美国的行动可能作出的反应。2006年,美国经济发展委员会指出,需要扩大国际研究和外语教育,以满足日益互联的世界经济、政治和社会的需要。2005年林肯奖学金项目委员会的一份报告指出,美国大约有六分之一的工作与国际贸易相关联,这些工作需要从业人员具有一定的外语技能、跨文化理解和沟通能力以及对全球问题的理解等。由于劳动力的全球流动性增加,工商界的领袖们强调大学需要为学生提供跨国性的学术项目。

全球性大学的学生发展与培养,主要围绕全球公民的目标,通过提供跨国性的学术项目和教育机会,使学生获得多元文化中的教育体验,突破固有教育理念的局限。

一、培养全球公民

大学培养的学生需具备批判创造性思维,大学需要促进全球公民责任意识的培养。将课堂与世界相联系,让世界成为学生的课堂,已经是全球性大学努力推进的目标。然而,什么是全球公民所应具备的技能、态度和能力? 这是我们首先需要了解和确定的问题。目前,教师、管理者们并没有对于全球公民的定义达成统一明确的共识。

托里斯和罗兹于 2006 年提出了"民主多元文化公民"的概念,认为社会和文化在追求同质性的过程中存在差异性,教育可以帮助学生形成在这些差异中工作的能力。这些能力对于身处多元文化全球环境之中的公民而言必不可少。罗兹和斯泽尔在 2011 年通过关注大学的职责使这一思想又有了进一步的丰富发展。他们提出的公民意识观点认为,应在更广阔的地理范围和空间视野内讨论个人的权利和责任感。个人作为公民的参与反映了个人对政治方面(包括公民)、经济方面(包括职业)、社会方面(包括文化)三个基本维度权责的理解①。

"全球公民"一词,在国际教育领域基本用来描述大学校园国际化教育的成果。该名词与全球竞争力、责任意识、跨文化学习、多维视野、成熟的跨文化认识等词经常并列(见表 4 - 1),旨在教育学生成为全球社会的积极参与者。"全球公民"基本包括以下含义:一是指具备全球视野、外语、多元文化规范的相关知识与能力,同时能够运用这些知识与不同文化背景的人交流和互动;二是承认对他人的义务,不论文化、种族、政治和地理位置的差异;三是指具有在跨文化语境中自如互动的能力;四是指拥有多维度看待问题的全球视野,即具备视角意识、地球意识、跨文化意识、全球动态知识以及人类选择意识等;五是指个体在不同文化中的作用,具体包括成熟的跨文化认知、内省和交往。然而,全球公民的意识也需要对于本地的意识有所觉醒,全球公民是基于全球思考和本地行动的公民意识,而非脱离了国家和本地因素而空谈的责任与意识。

表 4-1　全球公民的基本含义

相关术语	包 含 内 容
全球竞争力	具备全球视野、外语能力、多元文化规范的相关知识与能力,并能够运用这些知识与不同背景的人交流和互动
责任意识	承认对他人的义务,不论文化、种族、政治和地理位置的差异
跨文化学习	养成主体文化即形成强大的在跨文化语境中自如互动的能力
多维视野	具备视角意识、地球意识、跨文化意识、全球动态意识、人类选择意识
成熟的跨文化认知	个体在不同文化中的功能和作用,涉及三个领域:跨文化认知、内省、交往

① Torres C A. Global citizenship and global universities: the age of global interdependence and cosmopolitanism [J]. European Journal of Education, 2015,50(3):262 - 279.

全球性大学主要通过以下几个方面培养学生成为全球公民。

首先,全球性大学在制度设计上增加学生接触不同文化的机会,在课程计划、宿舍管理、学生社团管理等制度中融入了全球意识和多元文化交流的要求。不同文化接触机会的增加,使学生有了跨文化认知;不同文化的接触和体验带给学生文化认知冲突,激发学生内省,最后使学生自发形成跨文化交往策略,从而有利于个体的跨文化成熟。

上海纽约大学的学生宿舍安排,学校规定必须是国际学生与中国学生混住,以带给学生不同文化的冲击……学生社团需由三个国家以上的人员加入才可以设立……学生会章程规定学生会主席可以通过学生选举由任何国家的学生担任,而三位副主席的组成则须为中国学生、美国学生、其他国家学生各一名,以充分代表不同文化的观点和意见。①

此外,纽约大学要求学生必须有至少一学期,至多三学期的海外交流学习经历。在纽约大学全球校区中,学生跨校区的全球流动和交流,为学生跨文化认知和迈向跨文化成熟提供了更多机会。例如蒙纳士大学全球校区内部的学生交换和交流项目,使蒙纳士南非校区获得来自澳大利亚校区和马来西亚校区的交流交换学生,使学生群体更加多元化,进而使该项目成为带来南非最多元种族学生人群的项目之一②。

其次,全球性大学的课程围绕培养全球公民这一目的精心设计和开展。与让学生接触多元文化并自发形成跨文化策略有所不同,全球性大学的课程设置旨在有目的地引导学生自主形成跨文化策略,培养跨文化能力。实践表明,自发形成跨文化的策略效率不高,培养学生的跨文化策略和能力,需要进行课程设计。

我们可能在起初的时候觉得,毕竟学生有那么多不同的人,不同的背景,把他们放在一个房间里,基本他们就可以自动(开展跨文化交流),可是我们发现这个能达到的只是一小部分的效果。③

上海纽约大学给学生开设的通识课程主要特色便是全球视野、多元文化、跨学科和本地元素。在给低年级学生开设的"社会与文化基础"核心课程模块

① 上海纽约大学校领导访谈,访谈编号 005。

② Setswe G. Private higher education in Africa: the case of Monash South Africa [J]. Africa Education Review, 2013,10(1):97-110.

③ 上海纽约大学某学生部门副主任访谈,访谈编号 006。

中,两门必修课全部都是带有"全球"标识的课程:全球视野下的社会和全球视野下的文化①。这些课程引导学生将问题首先置于全球的环境中进行思考,并从中意识到全球不同社会间文化和法制等的异同,让学生学习多元文化规范的相关知识。此外,纽约大学学生的来源非常丰富,2016 年秋季入学的新生中,纽约校区的学生来自 83 个国家(地区),阿布扎比校区的学生来自 110 个国家(地区),上海校区的学生来自 58 个国家(地区)②。修读课程的学生即不同国家(地区)的代表,每个人都有自己的角度和理解,也会从他人的角度和理解中获得新知,从而形成全球公民的认知和视角。

最后,全球性大学系统内的学生活动,围绕全球公民的培养而展开,发展多样性和包容性,培育视角意识,接纳并积极开展多样性教育,在整个全球性大学体系中宣扬多样性的思想。对此,纽约大学有意识地设计一些学生活动,并在全球校区内进行交流。

比如我们学生事务部里面有一个部门是专门做学生文化教育的……专门把不同文化的学生放在一个小组中,让他们讨论自己的背景,对同一问题和事情表达不同的理解。③

纽约大学在开学周举办的伙伴活动(Ally Program),致力于消除对少数族裔和不同文化背景群体的歧视等。活动丰富了多样性的内容,让学生意识到人的多样性、行为的社会性、文化的多元性等,并且开始尊重身边的多样性,具有看待问题的视角意识,养成包容多元文化的心态,从而具备全球公民所应有的素养。这一活动原先是在纽约校区开展的,后来因效果不错,纽约大学阿布扎比校区和上海纽约大学都共同开展了这项学生活动。

伙伴活动起初是倡导反对歧视;后来倡导大爱,让学生多了解和自己不一样的群体。虽然你不属于这个群体,但要了解和尊重这样的群体。一周的活动,形式很丰富,有宣言和签名,同意自己在以后的生活中尊重多样化群体;有讨论相关的电影,如女性主义等主题内容。④

---

① 柯政."双一流"中的课程建设:上海纽约大学的启示[J].中国高等教育,2016(13):53 - 56.

② 数字摘引自纽约大学官网,http://www.nyu.edu/admissions/undergraduate-admissions/nyu-facts.html.

③ 上海纽约大学某学生部门副主任访谈,访谈编号 006。

④ 上海纽约大学某学生部门负责人访谈,访谈编号 002。

另一个称为"饥饿的宴会"活动,是角色浸入式体验活动,是堪称经典的一项校园活动。这项活动经过了精心设计,将社会阶层和多样性压缩融入活动各环节中。

活动首先以抽签的方式,让学生随机抽取一个社会阶层:富裕的上层阶层、中产阶层群体,或是低收入、难民等群体。活动中所有的食物、服装、道具等都根据阶层的特点进行分发,学生们根据所划分和选择的阶层开展活动。在这种沉浸式的活动中会发现很多有意思的地方,比如学生是如何意识到这种多样性彼此之间的差异的,具有差异的各阶层之间又是如何沟通和往来的,其中的情感迁移又是如何发生的,等等。这一活动同时在美国纽约大学、上海纽约大学和阿布扎比校区开展,这一活动让参与其中的学生非常震撼。①

活动,让学生经历了文化差异—沟通—共生等变化,启发了他们对于尊重多样性、看待问题的视角意识以及如何成为一名全球公民的思考。

此外,全球性大学在各门户校园内提倡学导和朋辈教育文化。纽约大学有一项传统新生教育项目,是以舞台剧的呈现形式,给新生进行入学教育。在这一演出中,二年级的学生在帝势学院专业教师的指导下,会以纽约大学的校园生活为背景和内容,融入学生的守则、程序以及老生们积累下来的问题和需要克服的问题等,进行舞台编排与创作。其中最主要的内容就是跨文化的适应。来自三所门户校园的学生汇聚在纽约校区一起进行编排,同时给各门户校园的新生们进行演出教育。从招募、编排到演出,对于参演的学生来说获得了行为规范强化的经验,同时,全球联动的方式,促进了学生跨文化的学习,培养了学生的视角意识和跨文化意识。

二、构建身份认同

对于学生选择在全球性大学系统中的门户校园就读,而不是出国留学或者就读国内大学的原因,根据上海纽约大学学生的选择经验来看,一部分华裔美国学生是为了了解祖籍国的传统,加之上海校园中有合适的专业,会选择就读全球性大学海外门户校园,带有"文化寻根"的意味。这是在其他研究中所不曾发现和提及的经验。

一些研究表明,本地就读全球性大学门户校园的学生会经历"我是国际学

① 上海纽约大学某学生部门负责人访谈,访谈编号 002。

生还是本地生"的身份认同冲突问题①。本地学生的学习方式可能会较难适应遵循母校标准和形式的教学方法。这一群体不同于那些离开自己的国家去海外学习,完全浸润在国外的文化环境中的留学生。这些学生群体因为不出国门,所处的文化环境仍然是母语环境和本国文化。这使得这部分学生群体相对较难适应门户校园中的国外教学环境,学生每天能有效体验到的仅仅是国外文化的一小部分。

全球性大学的学生存在身份定位的自我认识问题,其中夹杂着自尊与自卑的矛盾情感,扎根与失落的意念并存。这源于四个方面:

第一,全球性大学本身的身份定位问题。全球性大学门户校园既是本地的大学,又是海外的大学。大学采用哪一国的传统,是一种挑战。截至 2013 年,蒙纳士大学南非校区拥有 3 500 多名学生,10 年来学生人数一直在稳步增长。该校在南非高等教育版图中发展定位的挑战是采用南非传统还是澳大利亚传统的选择问题②。上海纽约大学具有"双重身份",既是一所中国的独立大学,一所中外合作大学,同时也是纽约大学全球教育系统中的一部分。处于其中的学生会经历这一身份认同的冲突,存在既认为自己是中国大学的学生,又认为自己是美国大学学生的优越感;同时还会产生既不是中国大学的学生,也不是美国大学的学生的失落感。这便是全球性大学的学生存在的寻求身份认同的问题。

第二,全球性大学门户校园内部的流动。纽约大学学生在四年的本科求学生涯中,有一至三学期的海外交流学习机会,这解构了传统意义上的同一专业相对固定的同学群体概念,造成了学生同时存在扎根与失落的意念。

第三,学校特殊空间的存在以及对于学生的过度保护。上海纽约大学学生的校园学习空间位于上海这一国际性大都市的金融商务中心的一幢大楼内,而他们的住宿生活空间处于车程半小时左右的金桥宿舍楼内,24 小时班车连接这两个空间,这与传统大学完全不同。学生的学习空间被营造出相对于周围环境而言较为独特的空间。独特性首先体现在这幢楼内的信息化自由度较高;其

---

① Healey N M. The challenges of managing an international branch campus: an exploratory study [D]. Bath: University of Bath, 2015.

② Setswe G. Private higher education in Africa: The case of Monash South Africa [J]. Africa Education Review, 2013,10(1):97-110.

次,体现在楼内人员国际化程度非常高,跨文化体验非常丰富;最后,体现为6：1①的优越师生比,这为每个学生提供了足够丰富的学术和生活支持及服务。处于其中的学生存在一种优越感,他们会认为自己相对本地其他大学的学生而言是较为特殊的存在。这种文化优越感对于他们今后的发展是否是一个有益的部分,值得商榷和开展讨论。

学生对于自身程度的认知有不同程度不切实际、较高的想象,并且学校性质的特殊性和某些时候过分的保护,有时会导致学生对于所处环境以及同龄人有着不充分的认识。学校应进一步着力增进学生与本地现实社会的接触。学校应该在课上课下鼓励学生走出自我的圈子,去真正体验所处本地的学习和生活。②

第四,学生在求学期间重构自我认知的过程。因教育理念及选拔方式的不同,部分学生在进入全球性大学之前会产生"我不够优秀"的自我质疑,并将全球性大学置于与本地主流大学不同的定位。如宁波诺丁汉大学的入学生源,一些是仅达中国高考二本分数线的。然而经过在校学习、学校的品牌宣传及内部制度的内化,学生会对自我和大学的认知进行重构,重构"我够优秀"的自我肯定,以及"宁诺是所好大学"的认知,逐步走向自信和成长。根据宁波诺丁汉大学面向毕业生的调查和访问反馈,宁波诺丁汉大学 2015 届本科学生毕业后继续升学(主要为出国、出境)的人数占毕业总人数的比例为 79.21%。在 2016 届本科毕业生中,这一比例为 77.80%。毕业升学相关情况如表 4-2、表 4-3 所示。

表4-2 宁波诺丁汉大学本科生毕业升学前往国家/地区排行③

国家/地区	2016 届		2015 届	
	人数	比例	人数	比例
英国	553	56.43%	540	56.43%
澳大利亚	201	20.51%	197	20.59%

① 纽约大学官网,http://www.nyu.edu/admissions/undergraduate-admission-s/nyu-facts.html.

② 上海纽约大学某学生部门教师访谈问卷,访谈编号 024。

③ 宁波诺丁汉大学. 宁波诺丁汉大学 2016 届毕业生就业质量年度报告[EB/OL]. [2017 - 03 - 17]. http://www.nottingham.edu.cn/cn/careers/documents/宁波诺丁汉大学 2016 届就业质量年度报告-201612271.pdf.

（续表）

国家/地区	2016届		2015届	
	人数	比例	人数	比例
美国	93	9.49%	105	10.97%
中国香港	33	3.37%	40	4.18%
中国	24	2.45%	17	1.78%
法国	19	1.94%	12	1.25%
加拿大	14	1.43%	10	1.04%
新加坡	11	1.12%	5	0.52%
日本	7	0.71%	3	0.31%
德国	4	0.41%	9	0.94%
西班牙	4	0.41%	3	0.31%
合计	963	98.27%	941	98.32%

表4-3 宁波诺丁汉大学2016届本科毕业生升学统计①

2015/16QS 世界大学排名	合计		商学院		理工学院		人文与社会科学学院	
	人数	比例(%)	人数	比例(%)	人数	比例(%)	人数	比例(%)
排名前10	209	21.33%	41	11.42%	121	35.48%	47	16.79%
排名前50	622	63.47%	217	60.45%	233	68.33%	172	61.43
排名前100	783	79.90%	282	78.55%	282	82.70%	219	78.21%
排名前200	837	85.41%	300	83.57%	312	91.50%	225	80.36%
出国出境深造合计	980		359		341		280	

　　全球性大学学生身份认同存在的问题需要引起大学的注意,及时疏导学生的心理,通过跨文化的学习、沟通,同类型大学的交流,努力引导学生进行身份的定位,建立稳定的身份认同感。

---

① 宁波诺丁汉大学. 宁波诺丁汉大学2016届毕业生就业质量年度报告[EB/OL]. [2017-03-17]. http://www.nottingham.edu.cn/cn/careers/documents/宁波诺丁汉大学2016届就业质量年度报告-201612271.pdf.

三、促进跨文化学习

全球性大学的学生在学习中存在的普遍问题主要包括语言障碍、教学适应、跨文化理解和学习等。文化冲击和语言的障碍是上海纽约大学中国籍学生普遍反映刚入学时曾出现的困难。尽管在母校校园教授国际学生存在同样的问题，但教师们普遍认为，学生在本地就学时，这些困难会加剧。

首先，学生语言能力的限制和障碍，即来自授课语言的压力。这对于非英语母语的学生来说压力相对还是比较大，尤其是前一两年，需要适应英语学习环境。课堂上，对于本地招募的学生而言，语言带来的阅读和理解问题造成的压力较大。课程中涉及大量的英文著作的基础阅读，对学生而言是个非常大的挑战。

其次，教师对于不同的学习风格和需求的学生，教学困难。教师对学生的期待和学生的预期不同，有时会导致双方互相不太理解。学生面临着学习方法转变的压力。教师面临的主要挑战是给学生创设一个母校式的教育，并获得与在母校区相同的学习成果。当学生和大多数教职人员处于不同的文化背景中，这一目标比较难以完成。同时，在不同的文化环境中，学生的学习方式对于外籍教师所采用的国外教学方式，在适应方面有一定的难度。这主要是因为两国意识形态和文化的不同所造成的理念认知的冲突。

再次，学生所处的学习环境中存在不同程度的文化冲突。学生构成中既有本国学生也有外国学生，本国学生中既有本地学生也有外地学生；教师既有本国教师，也有外籍教师；课程是以母校课程为主，即来自国外和异文化的课程设置、教材和教学程序等。跨文化交流成为全球性大学里学生管理最大的问题。学生身处这样的环境中，在学习、学术、交流、语言、日常生活等方面都会碰到一些问题，跨文化的理解和学习显得尤为重要。

最后，如果全球校园所处地与母校所在地文化和制度差异较大，则该校园的教育理念与本地其他大学也差异较大，学生相应也需要更多时间调整适应。如在中国的大学中，对于学生的培养，存在类似大家庭式的管理：学生的思想、心理健康等，有专职辅导员进行跟踪和疏导；学生的课业，有相对稳定的教师队伍和学长朋辈等共同协助。而上海纽约大学和宁波诺丁汉大学这样的全球性大学，采用的是设立咨询中心的方式，需要学生主动发现问题，然后寻求专业咨询和帮助。

对于文化和制度的差异,造成学生管理方式的不同,上海纽约大学负责学生事务的管理者在接受采访时也深有体会。

在美国,我们认为这是个人的责任,毕竟这是怎样去教育他们怎样成为一个成年人。但是在中国,很多方式还是放在学校和老师面前的,所以我觉得这可能是文化当中一个不适应的地方,就是怎么样来保证一个人能够学到这些东西。但是从学校方面来说,还是一个责任感的问题,我觉得这可能是最大的文化差别了。因为很多事情我们会说,这个人会领悟到,比如他犯了校规,我们不会用 punishment(惩罚)来管理,而是用 learning(教育)来管理,我们会让他们去做一些反省,为什么这个事情是这样的流程,你为什么做这些决定,如果再碰到这些事情,你会做什么样的决定。但是这边必须要说我错了,我犯了校规,以后不会犯,这些都只是表面上,不是深入的方面。所以我觉得这可能是两个文化中的不同的概念吧。①

针对学生所遇到的以上普遍问题,全球性大学也积极在引导学生跨越不同教育理念和文化的冲击,提升学生的跨文化学习能力。具体体现在以下几方面。

第一,加强学生授课语言水平的提升,重视英语语言的学习,尤其是阅读能力的提升。上海纽约大学的本科生前两年必修的通识教育课程中,语言是这一核心课程五大版块中的一个重要部分。对于国际学生,语言这门课程是教授本地语言即中文,包括汉语教育和中国文化学习。对于中国学生,语言课程版块是英语学术课,帮助学生掌握对于自然科学和社会科学的一些概念的英文表达以及论文写作形式和方法的转变,以促进他们更好地适应全英语教学。而在阿布扎比校区,教授国际学生学习阿拉伯语。上海纽约大学学生的经验显示,多与教授和其他学生交流讨论,有助于语言水平的提升和学习方式的转变适应。

第二,提升学生的跨文化理解和学习的能力。正如杰弗瑞·雷蒙在上课时对学生所说:"跨文化理解和合作能力是全球化社会中的领航人所需具备的最重要的技能。"全球性大学校园中学生群体国际化程度相对较高。2016 年秋季入学的新生中,纽约校区的国际学生比例为 20%,阿布扎比校区的国际学生比例超过 95%,上海校区的国际学生比例接近 50%。基于国际学生入学时的 SAT 成绩,在纽约大学国际生源招生的质量中,阿布扎比校园位居第一,上海

---

① 上海纽约大学某学生部门副主任访谈,访谈编号 006。

校区位居第二,纽约校区排第三位。全球性大学中学生来源的多样化,给学生提供了非常好的跨文化接触机会以及很好的多元文化和社会体验。信息的缺乏或对某事物接触的缺少,会导致拥有不同知识和文化背景的学生产生文化冲突。促进学生各方面的交流,让学生接触不同的文化,将有助于他们提升跨文化交流、理解与合作的能力。

第三,全球性大学教师在全球校区内的流动,有利于教师获得丰富的国际化经验,给学生带来更丰富的国际化认知,并提升跨文化学习能力。随着教师的全球校区流动,不论是母校学生还是分校学生都有更多机会接受拥有在全球各地教学经历的教授们开设的课程,更多了解外部世界,提升全球视野。

第四,学生管理应用软技巧,引导学生经历文化适应过渡期。全球性大学中的学生在学习、学术、交流、语言、日常生活等方面都会碰到一些问题,他们通常会有一年左右的文化适应过渡期。上海纽约大学学生面临的主要困难之一便是和不同文化背景的同学交流相处。一方面,学生通过慢慢适应学习和多沟通交流解决,另一方面,学校要加强学生的引导和管理。

学生管理的职责"主要在于促使和帮助学生自己进行反省,并意识到作为一个成年人应该怎样去面对不同的事情"。上海纽约大学的中国学生"一般要等到大一的年底,或者大二的时候才会真正地表达出自己的想法,因为他们在语言的适应当中","国际生也一样,他们进来可能会碰到一些生活中的事情不知道怎么去解决,但是等一年过渡之后,他们一般会多一些自信,知道怎样去面对某些问题"。管理的教师需要做的就是"等待、帮助、教导、听……"需要按照这些"软的技术去管理学生"。[1]

第二节　全球性大学的师资开发

教师资源与学生资源一样,是每所大学的核心资源,全球性大学更是如此。以教师为本,尊重教师对大学学术事务的决策作用,支持教师在教师聘用和晋升、课程和专业的开发和开设、教学内容的变革、重点科研领域的发展方向等方面的自主权,并不断提供条件促使教师在合适的工作岗位上获得持续提升与发

---

[1] 上海纽约大学某学生部门副主任访谈,访谈编号006。

展,是大学应该遵循的重要原则,也是世界一流大学的特点。全球性大学师资来源具有复杂与特殊性,其教师资源的开发和利用,是一项需要加以关注和研究的领域。

全球性大学的师资来源一般分为三种:本地教师、外派教师、访问教师。经调查研究,全球性大学的师资和师资开发及管理存在着如下一些问题和特点:

首先,是各门户校区的师资发展不平衡。根据研究,人才的流动与学术中心和地区发展有关。大学在广泛的社会和文化背景之中,对跨国知识分子的吸引力应该来自所在国家主流价值观和学术文化①。尽管全球性大学遵循全球一体的学术标准,但由于地区发展不平衡,各门户校园所在地的价值观和学术文化有所不同,各校区师资也并不完全一样。在全球校区增加、学生数量增加、长聘教师的总体数量增加的同时,也存在着全球性大学各校区师资发展不平衡的问题。

其次,是外派教师与本地教师之间存在矛盾。外派教师与本地教师之间的矛盾,主要是不同文化以及对于校园所应遵循的一体化标准或本地适应程度方面的认识不同造成的。此外,待遇的区别,同工不同酬,也是一些校区中两者关系紧张的原因之一。

再次,教师资源的开发受国家和地方政策影响。全球性大学师资组成的特性,使之较易受国家和地区政策以及高等教育的发展变化等因素的影响。其中,国家针对外国员工的政策环境变化,是全球性大学教师管理面临的一项挑战。纽约大学一位外派阿布扎比校区的教师因反映阿联酋劳工问题所引起的关于学术"自由"的争论,而被限制入境②。因而,教师在遵循全球学术标准、营造学术自由氛围的同时,如何尊重本地的文化和风俗,取得合法性,是全球性大学师资管理应重视的问题。

最后,全球性大学教师管理具有复杂性。全球性大学的教师具有聘用机制灵活,教师的类型和来源多样,在全球校区内流动性强等特点,因而教师的管理也具有特殊性和复杂性。全球性大学的教师,根据流动的性质,可以分为两种:流动的师资和不流动的师资。流动的师资,指校区之间流动的联聘师资,尤其

① Zha Q. What factors influence the direction of global brain circulation: the case of Chinese Canada Research Chairholders [J]. Compare: A Journal of Comparative and International Education, 2016, 46(2):214 - 234.

② Redden E. Global ambitions [N]. Inside Higher ED, 2013 - 03 - 11.

是母校调派至分校的师资;不流动的师资是指由所在校区聘任仅在某一校区工作的教师。根据地区属性,可以分为其他校区调派的师资、全球聘任的师资、本地聘任的师资。根据教师的工作时间划分,又可以分为长期教师和短期访问的客座教师。根据聘期划分,分为长聘制教师(包括长聘和长聘轨教师)以及非长聘制教师。

针对以上全球性大学师资和师资管理的特殊性,大学需要构建稳定的、分层完善的师资体系,开发和管理教师资源,努力建成以课程为纽带的全球教学型教师资源,以学术为纽带的科研型教师资源,以本地服务为纽带的管理型教师资源。

一、以课程为纽带的教学型教师

教师作为一个特别的知识工作群体,其基本职责是启发和带领学生一同探寻真理。教学型教师资源指的是全球性大学中以教学授课为主要任务的教师。

全球性大学的教师分为外派联聘教师、全球招聘的专任教师、客座教师。这三种类型教师的工作任务和侧重点也有所不同。外派联聘教师,主要负责帮助其他校区的课程、教学等遵循母校校区学生培养模式和课程体系的全球一体标准,引领和确保教学的品牌质量和一致性。全球招聘的专任教师主要承担科研和教学工作,努力使学校朝既定的办学目标和定位迈进。客座教师的任务,主要以教学和讲座为主,根据学科课程教学的实际需要进行聘请。

上海纽约大学创办之初这三部分师资的组成比例如图 4-2 所示。

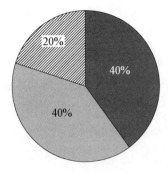

■ 外派联聘的教师　□ 全球招聘的专任教师

▨ 客座教师

图 4-2　上海纽约大学创办之初教师构成

创办之初,来自纽约大学联合聘用的教师占 40%;以高于纽约大学平均水平的标准,面向全球招聘的专任教师占 40%;来自国内外其他一流高校的兼职、客座教师占 20%。[1]

随着上海纽约大学的发展,目前面向全球招聘的专任教师比例上升,逐渐达到近一半,来自纽约大学联合聘用的教师比例下降,约为三分之一。[2]

然而,同样是教学工作,不同类型的教师有着不同的使命。虽然教师的类型较多,但是聘用关系相对明确和独立。全球性大学教学型教师的招聘,主要是根据专业课程设置的需要定的。教学型教师的评价由学校教学委员会组织考评,其中学生的评价是教师考核的重要组成部分。此外,母校也会组织进行全球校区的教学评估,当地的教育监管机构也会有评估。

由于学校对长聘教师有学术和科研任务方面的要求,授课的任务主要由客座教师担任。客座教师来自全球,有着丰富的文化背景,授课教师的全球流动和多元文化背景,有助于将国际经验和视野融入教学,从而使学生受益。图 4-3 是上海纽约大学 2014—2015 学年客座教师来源分布情况,37 位客座教师来自 13 个国家和地区。

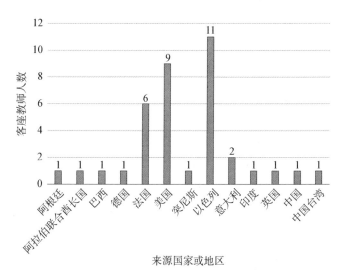

图 4-3　上海纽约大学 2014—2015 学年客座教授来源分布[3]

① 上海纽约大学某人事部门负责人访谈,访谈编号 001。
② 上海纽约大学某校领导访谈,访谈编号 005。
③ 上海纽约大学官网,https://shanghai.nyu.edu/cn/shizi/visiting.

教学型教师主要以课程为导向和中心。流动性与全球视野成为教学型教师发展的一对主要矛盾。在学生受益于来自全球,具有丰富国际视野的客座教师的同时,客座教师的流动性也给学生带来不便。学生在今后的学习中若需与客座教师讨论相关问题,面临着面谈机会的减少以及教学后续研讨可能性降低等问题。

二、以学术为纽带的科研型教师

教职人员问题将是全球性大学发展所面临的最大的策略性挑战之一。全球性大学的学术人员必须以不同的方式思考和处理问题,包括不同的文化视角和社会环境。由于全球性大学在全球有多个校区,教师必须能够支持远距离的学术努力,这涉及很多个人的牺牲,包括长途旅行和工作条件的改变。

海外分校管理的一些研究发现,离开学术同行圈,离开浓厚的研究氛围,是导致部分母校教师不愿意到海外校区开展教学和科研工作的原因。很多教师的经历证明,海外校区管理的挑战主要来自母校教师到文化不同的其他全球校区从事教学和生活所面临的困难,教师们在以母校程序作为全球一体化的标准与本地适应所做调整两者之间徘徊[1]。此外,外派教师是母校派到全球校区提供短期教学和质量保证支持的教师,他们的情况各有不同,有些可能只是接受一次性的教学任务,相当于学术旅行,没有长期的教学承诺。这些教师到全球校园,校园的管理者对他们可能缺少正式的条线管理。管理者在管理外派教师时会遇到挑战。

在一般的海外分校中,外派教师和本地聘用的教师之间往往存在紧张感。休斯[2]提到了她在诺丁汉大学时遇到的困难。她指出,在个体职业期待和大学所提供的工作之间经常存在紧张感,海外校区环境和大学教学的本质会恶化这种处境。她讨论了一些外籍管理人员和本地聘用的学术人员之间的紧张关系,包括海外分校以低于母校的待遇聘用教师、教师缺少专业发展支持、职业发展前景受限等。学者沙姆斯和豪斯曼认为,出于策略原因,分校倾向于在大学的身份、课程和流程方面保留与母校的紧密联系,而在教职员工基础方面倾向于

---

① Healey N M. The challenges of managing an international branch campus: an exploratory study [D]. Bath: University of Bath, 2015.

② Hughes R. Strategies for managing and leading an academic staff in multiple countries [J]. New Directions for Higher Education, 2011(155):19-28.

本地化，以减少运行开支，并获取本地合法性。这造成了一种在本地雇佣的学术人员和调派的外籍教员和高级管理者之间的潜在紧张关系。本地雇佣的学术人员通常以较低的条款和条件受聘。

但全球性大学的情况也不都是这样。例如上海纽约大学聘用的学术人员，其科研背景和实力都非常强大，招聘标准是按照不低于纽约大学平均水平进行全球招聘的。随着中国科研条件和环境日益国际化，很多华人教授愿意回国进行发展。这使全球性大学的全球校区招聘优秀师资成为可能。这些华人教授在西方国家也可以获得非常好的学校长聘教授资格。此外，随着全球对于中国经济、政治和社会发展的关注，欧美学术界开始对中国的发展等各方面开展研究，而对于外籍教师来说，去全球性大学的全球校区任教，文化适应和程序适应等方面的问题相对较为缓和，易于尽快融入当地校园，同时为个人的学术经历增添亮色。有的外籍教师是因为对中国的文化和经济环境感兴趣，希望借工作机会来看看。

全球性大学体系内各校园的教师的关系，更多向以学术中的天然联系为纽带的方向发展。比如纽约大学直接外派到上海纽约大学的教师逐年减少，从2013年的50％下降到四年后的30％。教师的招聘采用的是全球招聘方式，上海纽约大学的教师招聘与美国纽约大学融合在一起，具体聘期、给予教师终身教职通道的时间和评估等由美国纽约大学招聘委员会和该学科的学术委员会决定。纽约大学对晋升终身教职通道标准进行认可，教职的具体人选则由上海纽约大学决定。

派遣教师面临的挑战之一是在教学中会遇到学习方式和文化模式与以母校文化为主的一体化标准差异比较大的学生。国外有一项研究发现，外籍管理者或教师和本地雇用的教职员工或学生之间的文化差异越大，造成误解和不信任的可能性就越大[1]。同时，教师在教学等活动中会外显他们的文化观和价值观。在由国外教育机构提供学位、提供面授教学的这样一种物理校园环境和氛围中，学生、教师和管理者难免会面临文化的误解和冲突。

三、以服务为纽带的管理型教师

全球性大学的管理型教师，以学生为中心提供服务和进行管理。如上海纽

---

[1] Healey N M. The challenges of managing an international branch campus: an exploratory study [D]. Bath: University of Bath, 2015.

约大学人力资源部门的管理着眼于服务,除了面向国际国内两大人才市场进行师资招聘外,还提供系统全面的员工入职培训。日常工作则包括为外籍教师办理证件、接机、安排住宿和子女入学,并在生活方面提供全面服务和帮助。

全球性大学的管理型教师,需要兼顾全球统一标准和本土化适应发展,平衡全球性人才和本地具有全球视野人才的结构。全球统一标准,有利于全球各校区保持统一的程序和管理规范。培养本土的管理型教师,有利于学校与本地的教育、经济、政治、商业界等相对接。熟悉本地的文化和政治经济环境,有利于分校提升自身的认可度并获得本地合法性,同时也可以更好地为学生寻找实习机会、志愿服务等提供更多便利和可能,从而确保高质量和高效率的行政服务输出,为教学科研目标的实现提供强力支持。

全球性大学需要制定本地化策略和行动,增加和提升本地招聘管理人员的数量和层次,激发本地管理人员的积极性和能动性。提高本地化人才的比例,特别是本地化招募的负责管理和行政事务的教职人员所占的比例,有利于大学与本地政界、商界进行有效沟通,并有利于建立和加强彼此的信任感。全球性大学门户校园管理高层人员的本地化,有利于校区做出符合本地国情的决策,并使得门户校园获得持续健康的发展。全球性大学的部分高层管理职位应该对德才兼备的本地人员开放,直至实现全部高层管理具有本地背景的组织架构。目前,由于本地政府法律方面的要求和约束,很多全球性大学海外分校由本地人员担任校长等高层管理职位。国外大学在本地开办一所分校需要寻求本地合作伙伴,并由本地具有资质的人员担任法人代表。但同时,我们也看到,校区高层的本地化,有利于加强大学与政府部门的良性沟通,从而争取更多的本地支持,有利于全球性大学的发展。在管理人员本地化的同时,大学需要确保管理人员具有跨文化管理和适应的经历。要想做到这一点,一方面要循序渐进地推进高等教育行政职务的本地化,另一方面则要对大学行政人员全面培训并让他们充分理解教学和科研的国际准则。大学应为教师和高级职员引入更多适合本地的教学、科研和服务质量保证机制。

由于全球性大学门户校园在本地存在特殊性,尤其是办学理念、管理模式、校园特色等方面的特殊性,被贴上独特的标签,列为与本地其他高校不同类型的大学。管理人员在管理过程中可能因为这种独特性而遇到一些新问题。这些新问题往往没有先例可以参考,尤其是在政策适应和适用性方面。因而管理人员非常渴望与其他大学管理人员进行交流。政府部门或教育监管部门的政策往往具有滞后性,这也为全球性大学的分支校园的管理造成困扰,尤其是创立阶段。这些管理的不确定性,容易造成处理学生问题的反复和不确定性。

此外,在日常管理工作中,管理人员会将自己原有的经验带入现有工作,但这些经验可能不适合现有工作的复杂状况,从而需要管理人员通过沟通解决工作中遇到的各种问题。

我们就是带着一个美方的概念来工作,但是其他人也是带着自己的经验来做他们的工作,毕竟之前我也没在中国大学工作过,我也无法体会到这种差别。所以很多事情都要先问在这边的人员会怎样去做,会怎么样去操作新的管理模式,或者新的模式来面对新的事情,因为我们不能说,一定需要从一个美方,或者中方的角度去解决这个问题,而是在复杂混合的情况下怎么去解决,所以我觉得还是在于文化的理解吧。①

对于外籍教师而言,最重要的问题是提升本地适应性;对于本地教师而言,最重要的问题是提升全球化的能力。而无论是外籍教师还是本地教师,无论是教学科研型教师,还是管理型教师,全球性大学中的师资开发,最主要的是教师跨文化能力的培养和提升。学校需要进行以服务为纽带的管理型教师队伍建设。

我们也会在教授的培养中做一些基础训练,帮助老师如何在多元文化背景下做一名好老师,会开一些讨论会和展示会,做一些小组分享,组织的活动不是固定的,而是如果有人对这些有兴趣想组织一些小主题,或者是小组讨论的话就会这样去做。②

在上海纽约大学受访的教师中,100%表示会有跨文化方面的问题,而寻求和加强沟通,尤其是文化沟通是受访者提到最多的应对之法。一位来自上海纽约大学职业发展中心的受访者,在被问及是否遇到过跨文化适应方面的问题时,曾表示因为同事都是来自全球各地,理解同样问题的角度不同,很多事情都需要探讨并面对不同找到解决方案。不能仅从美方,或者中方的某一角度去解决这个问题,而是要综合考虑去解决问题。

_____

① 上海纽约大学某学生部门副主任访谈,访谈编号 006。
② 上海纽约大学某学生部门副主任访谈,访谈编号 006。

第三节　全球性大学的学术管理

学术质量可谓一所大学的灵魂，全球性大学更是如此。全球性大学的课程、研究是学术活动的重要组成部分。对于学术活动的管理，直接影响着全球性大学的治理。

一、全球性大学的课程资源

国内一位著名教育学者认为，分析大学的人才培养模式可以从分析大学的课程着手，具体的课程结构后面蕴含着丰富的教育理念，分析具体课程结构可以发现这种教育理念，并探究相关教育制度在课程中发挥作用的机制。

全球性大学的课程，其目的是培养适应全球化时代，具有全球视野的创新人才，全球视野、多元文化、跨学科、本地元素是全球性大学一般课程的基本特征。在全球多校区的本地多元文化与母校全球标准的双重影响与相互作用下，其特征主要呈现为开放性、创新性、多样性。

（一）课程的开放性

课程的开放性，有以下特色。

首先体现在大学将课程置于一种全球视野内。同样的课程在不同的环境中，将会具有不同的影响力和特色。全球多校区以及学生的全球校区流动，教师的多校区联聘与流动，都为课程创设了全球视野的背景。

其次体现在自主选择和创设专业方面。上海纽约大学颇吸引学生的一项课程特色便是可定制专业课程，这是上海纽约大学在课程设置方面的全新尝试，给予学生很大的探索兴趣和选择专业的空间。学生可以自由选择课程，尝试新事物和新的专业。

最后，除了常规的专业以外，学生可以在老师的帮助下，设计符合自己需求的专业方向，即学生可以在大学全球校区内挑选跨专业组合课程，形成自己独特的专业以及课程清单。学校对于学生定制专业课程清单采取的策略是既谨慎又支持，主要表现为对学生申请前的资格要求严格、学生专业学习要求高、过程中给予专业指导。学校对自行设计课程清单的学生遴选要求较高，一是申请的学生必须具有清晰的职业生涯规划和强烈的自我成就驱动力；二是学生必须有优秀的成绩表现，在申请的时候以及之后进入专业学习的成绩表现都需上佳。学有余力、学分绩点高的学生方可申请。学生申请时的绩点须达到 3.75，专业学习绩点要维持在 3.65。仅有极少一部分学生符合专业定制要求。

同时，学校为专业定制的学生提供专业性指导，一是委派两名专业教师进行专业设计指导，这两名教师分别来自不同的院系和不同的专业。如果学生选择的专业课程中有三门以上的必修课是在纽约校区，那么指导教师中必须有一名来自纽约校区。二是学生还需要与负责学术的教务长助理进行充分沟通，获得指导。三是学生定制的专业课程方案还需要呈送大学学术标准委员会，并经委员会批准后方可通过。课程的开放性和自由性，为全球性大学的课程赋予了活力。

（二）课程的创新性

纽约大学阿布扎比校区和上海纽约大学两所全球校区的建立，让纽约大学的课程获得了在全球创新试验的机会，也为整个纽约大学课程体系贡献了丰富的资源和创新。

对于课程的时效性要求相对较低、变化不大的文科经典类课程，一般海外分校可以按照母校的模式直接移植。然而上海纽约大学仍在创新性方面做了尝试。全球性大学校区通识课程中创新的顺利尝试，可以将试验课程在大学各校区内流动和推广，为全球性大学课程的创新提供了更多可能。

我们当时觉得在上海，这是个机会让我们来想一门新的课程，是不是用一种更实在的方式来把东方和西方文化真正地融合起来。所以我们就花了好几个月时间来设计一门新的课程，它真的从历史、哲学、文学等方面把东方和西方融合得比在美国的任何一门课程中都更突出。这门课程可以搬过去的，吸取一些新的经验，用一些试验承载一些新的东西，回到本部去。这是全球性大学的一个概念[①]。

我们还吸取了诸如哈佛大学等其他世界一流大学的一些优势课程，比如说科学基础，是把物理、化学、生物融合在一起的一门课程，纽约大学好多年都推不了，但是在上海纽约大学我们就实现了。[②]作为科学专业来说，科学基础特

---

① 上海纽约大学校领导访谈，访谈编号 008。

② 上海纽约大学校领导访谈，访谈编号 005。

别严格,这在纽约校区是没有的。①

(三) 课程的多样性

全球性大学的课程具有双重标准和多样性,既要符合以母校为主的全球标准,又要符合本地教育标准。如纽约大学的全球课程中没有思政课和军训等课程,而这些课程是中国大学的学生必须修读的课程。因而,对于上海纽约大学的中国学生,需要专门开设这些课程;而外籍学生则要求修习与中国文化和语言相关的课程。这也正体现全球性大学在通识课程中对本地关怀因素的融入。

在上海校区的课程很多结合了中国的文化和元素,以更加多元化的视角看待问题。最大的一个区别是上海的国际学生需要学习中文,所有学生要求参加中文相关的课程,比如中国艺术和社会科学视角下的中国。此外,学校规模的原因,上海校区比纽约校区提供的课程更少。②

全球性大学海外门户校园的课程的全球标准与本地教育传统合法性具有冲突。这一问题已经成为蒙纳士南非校区发展所面临的最大困难。南非本地高等教育要求,即便是私立高校也要遵循南非本地的高等教育课程要求。虽然校区中大多数课程是和澳大利亚校区的学术同事共同开发的,并通过了学院和大学的审批程序,但由于南非高等教育机构的审查和监管,蒙纳士大学南非校区还是采用南非传统的教学和研究方式。南非高等教育质量委员会需要保证所有在南非当地的院校符合本地的标准和质量要求③。同样的问题,也存在于纽约大学的全球校区中。上海纽约大学课程主要遵循美国纽约大学的标准,在具体办学过程中,与中国大学的课程要求难免存在一些冲突的地方。

上海纽约大学的课程旨在培养具有全球视野和时代特征的创新人才,特别关注培养学生在以下方面的能力与素养:科学视野与好奇心、基于兴趣的主动学习、实践探索精神、人文素养、批判思维能力、跨学科能力、全球视野与跨文化交流与合作的能力。上海纽约大学的本科教育采用博雅教育模式,按照上海纽约大学校长的解读,课程属于"T 字形"的教育,培养学生在宽泛知识基础上的分析与思考能力,使学生在某一个领域甚至两个领域皆有较为深刻的专业认

---

① 上海纽约大学学生访谈问卷,访谈编号 014。

② 上海纽约大学学生访谈问卷,访谈编号 012。

③ Setswe G. Private higher education in Africa: The case of Monash South Africa [J]. Africa Education Review, 2013,10(1):97 – 110.

识。本科教学课程由三部分组成：三分之一为核心课程，属于通识教育范畴；三分之一为专业课程；剩余的三分之一属于加强专业课程或者第二专业课程。学生达到本科教育毕业的基本要求是修完 32 门课程，修满 128 个学分。博雅教育是上海纽约大学课程的核心，而上海纽约大学的博雅教育课程有四个方面的特色，即全球视野、多元文化、跨学科与中国元素。本科教育的前两年以核心课程为主，分为五大板块，分别为"社会与文化基础""科学基础""数学""写作""语言"。"社会与文化基础"包括社会、人文、艺术方面的课程，其中，"全球视野下的社会"与"全球视野下的文化"这两门课为必修课，其余都是选修课程。不同专业方向的学生都可以修读"科学基础"模块下的各门课程。然而，计划修读理科专业的学生则必须选修"科学基础"作为基础课。这门课程综合了物理、化学、生物等学科的知识和技能，围绕物质、能量、转换、波动、迁移等问题，探讨物理、化学和生物学的概念和理论。这门课的任课教师由四位教授共同担任，除了负责物理、化学、生物学专业方向的教授外，还有一位专门负责设计课程和协调课程教学的教授。选修这门课的学生普遍感受到较大的压力，因为这门课不但课程内容丰富，而且教学模式也显得非常特别。教授们每两周需要召开一次协调会，统筹课程进度，并及时弥补漏洞。这一板块中也设计了一些可以供文科专业方向的学生选择修读的课程，例如科学史。科学史等课程主要侧重科学对社会发展产生的影响以及在实验中如何发现科学等内容。"数学"课程在上海纽约大学非常受重视，本科阶段设计有非常多的数学相关课程。强调和偏重应用是上海纽约大学数学课的特色，一般通过各种案例的铺垫，引导学生理解在社会科学和自然科学领域中数学的广泛应用，并引导学生学习如何用数学思维和数学方法解决各种各样的问题。譬如统计学，其中的许多概念都是从一个个现实案例中引出，学生学习用统计学的方法来解决这些现实问题，然后归纳得出统计学中的相关概念。"写作"虽说是课程，但不是一门单独的课程，而是融合于"社会与文化基础"模块的各门具体课程中。对于写作，大部分人首先可能会想到的是书面表达，而上海纽约大学的任课教师则更注重通过写作锻炼学生的思维及阅读能力。同时写作也需要建立在大量阅读的基础上，同一个话题由于思考和角度不同将会引发不同的观点，因此学校要求学生多阅读各类文献。美方校长杰夫·雷蒙在给一年级学生上"全球视野下的社会"这门课时，一般会针对各类社会问题和现象，如人际交往、婚姻、家庭、法律、制度等，引导学生大量阅读古今中外经典的思想家和哲学家的论著，寻找这些大家的观点以及辨析他们之间的异同,同时进行深入分析。学生只有在大量阅读的基础上,拓宽视野并进行比较后才会形成自己的认识和观点,方能参与相关讨论,并用书面方式论述自己的观点。这是写作这门课程需要达到的思维训练的目的。"语言"课程主要是指面向外国学生的汉语教育,包括中国文化的修习。同时基于之前已开展的教学实践进行整合与交流反思后,语言类课程也调整了,为中国新生新增设了英语课。这主要是考虑中国学生对自然科学和社会科学中的一些基本概念都是在中文基础上形成的,在具体课程中这些概念的中英词汇不一定能很好地转换过来,设计这门语言课就是为了帮助学生更快地适应全英语教学的环境①。

课程管理与学术质量管理密切相关。从表面上看,全球校园越是精准地反映其母校的课程,学术质量打折扣的风险就会越低。全球校区面临的最大问题之一就是如何使学校、管理者、教师、学生等事先在社会规范、文化礼仪、风俗等方面做好准备,避免与当地的社会文化风俗、法律制度等产生冲突。如在上海纽约大学的课堂上,外籍教师与中国学生、中国学生与外籍学生在课堂上就中国的人权保护、领土争端等问题会发生文化冲突,此外不同宗教信仰和习俗也是引发课堂文化冲突的主要因素。

同样可以想象,由于社会和文化的原因,试图将母校的教育方法强加给本地雇用的学术人员和学生也不是件好事。举个例子,东亚的教职员工和学生在使用西方的案例研究方法进行学习时,可能会对模糊教师和学生间传统的界限感觉不舒服。一些评论对之提出了警告,认为强迫海外分校完全遵照母校的课程和评价的要求是危险的,会导致不合理并使均化度受损,单一的世界文化有可能会逐渐损坏文化差异。跨国教育会被认为具有推动教育和学术帝国主义的风险。对于西方教育角色的一个有力攻击是,有人认为将发展中国家的学生教育成西方思维方式是一种心智殖民的过程。对于海外分校的管理者来说,是尊重母校质量保证的体制和规范,还是尊重适应内容、传播和评价的本地需求和限制,确实是一大挑战。在全球性大学的实践中,如何平衡好全球性的课程与本地化的需求是一个值得研究的课题。

上海纽约大学目前开设的专业学科有 18 种,大体可以归为三大类,即人类

---

① 蔡连玉,宁宇,苏鑫. 将世界搬进课堂,创新国际化人才培养体系——访上海纽约大学校长俞立中[J]. 世界教育信息,2014(23):50-55.

学科、科学、技术、工程和数学学科、社会科学学科。其中，人类学科包括全球中国研究、人类学、互动媒体艺术专业以及创意写作辅修专业；科学、技术、工程和数学学科包括生物、化学、计算机工程系统、计算机科学、数据科学、电子工程系统、数学、神经科学、物理专业；社会科学学科包括商业与金融、商业与市场、经济、社会科学专业。

跟纽约大学比，我们也有不一样的地方，首先第一个不一样就是整个通识教育的模式当中，我们增加了两个模块，是关于中国的模块，一个是关于中国的社会，一个是关于中国的文化艺术。包括一系列的课程，而且这些课程现在都列到纽约大学的全球性教育体系的这个课程目录里面去了。学生能够在上海纽约大学更深入地了解中国社会、经济、文化、教育等的环境和各方面的情况。包括电影、舞蹈、音乐等多方面的文化也可以了解。所以为什么纽约大学的学生可以跑到这里来，而不在美国，他们到这里来就选这些课程。第二个不一样就是，我们还吸取了诸如哈佛大学等其他世界一流大学的一些优势课程，比如像我们那个科学基础，那是把物理、化学、生物融合在一起的一门课程，纽约大学好多年都推不了，但是在上海纽约大学我们就实现了。第三个不一样就是，我们要求所有的外籍学生都学习中文，甚至还学上海话。而且我们也在探索，就是对于不同入门条件的学生，怎么帮助他们比较快地掌握中国的语言，我们听说读写全部要练的，所以这也是上海纽约大学跟美国纽约大学不一样的地方，我觉得我们还是一个非常独特的大学，会在整个未来大学发展中成为很特殊的一个案例[1]。

二、全球性大学的学术研究

根据已有的海外分校的研究，学者们认为海外分校在学术研究方面一般存在以下几点共性问题。

第一，研究的氛围不浓烈，研究支持不足。在一般情况下，海外分校的研究比母校相对低调，因为分校的主要功能是教学。宁波诺丁汉大学主要定位为教学，其研究与英国诺丁汉大学相比有差距，这点已经引起了中国政府的关注。海外分校的工作人员往往是母校的借调外派人员，其研究往往在他们在海外分校工作时中断，或者对他们的研究要求与海外分校所雇用的员工学术要求一

---

① 上海纽约大学校领导访谈，访谈编号 005。

致,这往往比他们在母校时的标准要低。

第二,学者的职业发展受限。海外分校的教学工作负荷较重,也导致分校偏重教学。虽然一些校园开始形成真正的研究文化,然而缺乏相应的研究支持。一些加入海外分校工作的教授,因为没有博士生和缺乏周围基础设施的支持,也非常焦虑。此外,由于颇富声望的学术会议往往是在欧洲和北美举行,派遣员工参加会议的费用很高,增加了分校的运行支出。

全球性大学的建设需要重视科学研究。这也正是全球性大学不同于一般意义以营利为目的的海外分校的特别之处。

全球性大学为与一般海外分校有所区别,采取了一系列的措施,为教师营造科研条件和氛围,鼓励教师开展研究,取得了有效的成果。这主要体现在全球性大学的学校战略发展定位中,如纽约大学阿布扎比校区和上海纽约大学都将世界一流的研究型大学的定位置于学校发展的首要战略中。此外,全球性大学还积极创造科研条件,创设科研氛围,这主要体现为以下几点。

第一,借助母校的招生资质。比如,纽约大学阿布扎比校区设有工程专业,然而暂时还不具备研究生的招生资格,于是,其与纽约大学理工学院合作,由纽约大学理工学院招录工科研究生。学生先在纽约大学理工学院学习,然后到纽约大学阿布扎比校区进行研究,阿布扎比提供先进的实验设施设备。

上海纽约大学也采取了相应的策略。根据中国的相关规定,上海纽约大学作为新设立的中外合作大学,目前仅有本科生招录的资格。然而作为一所致力于建设成世界一流的研究型学校的大学而言,招聘的均是具有全球一流高校聘用标准和具有丰厚研究实力的全球优秀师资,无法开展研究意味着教师的时间与智力资源的极大浪费。上海纽约大学借助两所母体学校的资源招录研究生和开展学术研究,开创了在纽约校区招录上海纽约大学的研究生的先例。学生在纽约校区学习课程,在上海校区开展研究。这一策略被称为"上海轨制"。这是上海纽约大学首任教务长及团队与纽约大学共同协作的结果。

我想了一个办法,我们把它叫作"Shanghai Track"(上海轨制),这是一个在纽约的博士项目,在那里我们创造了一个"上海轨制",就是纽约大学,纽约的纽约大学,它当然有毕业研究项目,对吧? 在那个项目里面为我们招学生。我们和招到的学生当时就说好,说他要参加"上海轨制"的,但是他可以在纽约待一两年,比方说上课,完了以后到上海来,跟我们的教授做研究。这样的话,说好了这些学生他到最后拿的还是纽约大学的学位,是纽约大学的博士学位,但是他做的研究是跟我们的教授一起在上海做的,这就很吸引人了。①

第二,借助母体学校的科研条件。纽约大学与华东师范大学共建有六大联合研究中心,分别是华东师范大学-纽约大学脑与认知科学联合研究中心、华东师范大学-纽约大学数学联合研究中心、华东师范大学-纽约大学计算化学联合研究中心、华东师范大学-纽约大学联合物理研究中心、华东师范大学-纽约大学社会发展联合研究中心以及华东师范大学-纽约大学联合大数据研究中心。这六大联合研究中心都设在上海纽约大学校园之中,是以美国纽约大学和华东师范大学共同合作的名义设立的联合研究中心。这些研究中心为上海纽约大学教师的科研开展提供了可能条件。

第三,鼓励跨校研究和学科交叉融合。纽约大学研究生物材料的提摩太教授提到其在纽约大学阿布扎比分校的研究经验,自己因为意识到与不同类型的人一起工作的重要性,所以到阿布扎比分校开展研究,并认为这是非常明智的选择。这些合作发现的新成果,是仅在纽约校区无法获得的。

学科之间的交叉融合,是得天独厚的优势,我们不同学科的教师能够经常在一起讨论一些问题。比如搞脑科学的跟搞计算机的,搞互动媒体技术的和搞数学的老师们,大家能够在一起交流,形成一个科研合作的网络。在上海纽约大学,不同于中国传统高校一个著名的教授下面有一批教授、副教授这样一种团队的形式,而是,每一个老师,哪怕是助理教授,他都是一个独立的研究人员。他能够自己申请项目,先自己有独特的科研想法,再通过人和人之间的学科互相的补充,形成一个网络。而不是大家在某一个人的领导下面,一个人申请课题,大家分头去做这个课题,而是他必须是一个独立的科研工作者。上次我们跟科委去汇报这个情况,科委负责同志说这就是他们一直想做的事情。但是我们现在做不到,我们实际上有很多年轻的科学家,在这种环境里边他的才华可能就被扼杀掉了,因为没有机会独立发展。现在我们的每一个科学家都有一个机会,提出自己的科研设想,而且他们相互之间还能够合作,形成一个互相支持的网络。上次上海纽约大学搞脑科学的一位老师,他就讲了他们每一个科学家之间是怎么合作的,又是通过什么连接在一起的。老师里面有搞实验科学的,有搞神经科学的,也有搞计算机的,还有搞数据的,他介绍了他们互相之间是怎

---

① 上海纽约大学校领导访谈,访谈编号 008。

么连接在一起的。①

　　然而,全球性大学的学术研究目前面临着本地适应性挑战。学术研究在遵循全球一体标准的前提下,需要提升本地适应能力。如科研项目和基金的申请,纽约大学母校区外派至阿布扎比校区任教和研究的教授,需要与阿布扎比本地的教授联合申请科研项目,并丰富阿布扎比地区的科研贡献方式。上海校区因为涉及语言和学校的特殊性问题,对于科研人员来说是一种本地化适应的挑战。

　　但有一个方面呢,确实也是一个问题,这样一个学校,体量小,如何和中国这些科学研究基金或者资金支持项目的政策对接呢,还需要磨合,我们的老师一定要特别地了解、理解国家层面上、各部委、地方政府对科研的投入,对项目的支持,各种资助体系不太一样。一方面,老师自己要去了解,同时呢,在这个起步阶段,还确实需要有一些特别有经验的、专门的这个支撑部门来为他们服务。人文学科和理工学科的发展和影响不同。现在我们申请到一些国家自然科学基金,也有上海市的重点项目,但是人文方面的我们现在没办法拿,主要拿的还是科学技术方面的。教师里面,就是凡是我们进入聘期内的教师,那都是有着很强研究能力和丰富经验的。②

　　比如你需要申请国内的某个基金项目,你得知道国内的系统,知道怎么申请,这实际上是比较大的挑战,而对于非华人就是更大的挑战了。他怎么跟中国的基金委,跟上海市科委等沟通,怎么用中文写申请,怎么跟他的同事们交流,然后进入这个系统呢? 所以我们简单点讲,就是接地气,实际上这是一个比较大的文化冲突。因为你习惯了国外的系统,习惯了美国申请项目的运转流程,到国内以后你要如何实现项目申请,这是一个矛盾。反过来,基金委或者科委看我们,第一个反应就是你的团队有多大,你有多少人,这个概念又不太一样,这也是一个文化冲突。③

三、全球性大学的学术质量

　　学术质量可谓一所大学的灵魂。如果监管部门的监管缺乏或者不力,由社

---

① 上海纽约大学校领导访谈,访谈编号 005。
② 上海纽约大学校领导访谈,访谈编号 005。
③ 上海纽约大学校领导访谈,访谈编号 008。

会需求和商业化推动大学发展将会是一个非常危险的方向。全球性大学在内部评价和外部评价管理方面做出了一些努力,不仅各分支校园间会发起自我评价,全球性大学本身也会参与外部全球大学联盟所发起的评价。

全球性大学对于学术质量的重视程度相对较高。全球性大学在质量管控的责任机制方面,正不断增强。从质量监管方面来看,认证者及认证机构对跨国活动的认证,具有发展成全球性大学学术质量管理和评价的趋势。目前澳大利亚、英国、美国等国的质量保障机制特别关注国际质量保障,这种趋势正逐渐扩展到其他国家①。

全球性大学的学术质量管理,尤其是海外分校的学术质量管理,与教师管理一样,皆为全球性大学研究中颇受关注的领域。质量保证问题是全球性大学的管理者和跨国教育政策制定者面临的核心挑战。大学和各国高等教育的声誉,很大程度上是基于公众对其学术质量的认知。严格的学术标准和质量保证是大学满足社会的期望和需求的必要条件。全球性大学海外分校的开设,对于母校来说需要承担学术声誉受损的风险。由于全球性大学与其合作的大学或机构具有不同的目标,这些合作大学或机构可能有其他利益诉求,而非关注学术质量。因为各分支校园所在当地文化的不同,全球性大学对于维持海外分校质量的控制难度更大。全球性大学海外分校有很多教职员工是在当地聘用,他们的价值观可能与管理者的价值观有所不同。全球性大学学术质量的控制管理具有复杂性,既要满足主校区所在大学的学术质量监管,也要满足海外分校所在地的政府机构的法规要求。全球性大学的质量保证所面临的一个主要挑战是在一定程度上要适应当地的环境,使母校的质量评价与海外分校当地合法性相融合②。

保障全球性大学的学术质量,需要国际组织、国家、大学等多方面共同努力。

（一）国际组织的努力与积极倡导

联合国教科文组织携手经济合作与发展组织,共同制定了《保障跨国界高等教育办学质量的指导方针》,其中提出构建一个国际框架,用以保护学生和其

---

① 杜燕锋.美国高校海外分校:历程、现状与趋势[J].外国教育研究,2016(4):105 - 118.

② Healey N M. The challenges of managing an international branch campus: an exploratory study [D]. Bath: University of Bath, 2015.

他利益攸关方,防止出现质量低劣的办学和声名狼藉的办学方。联合国教科文组织第三十三届会议(2005 年)通过了这一指导方针,并于 2015 年起草了全球公约。

(二) 国家对于全球性大学学术质量的监管

各国为了保证境外合作办学时大学提供的课程和学位授予标准与国内相关标准具有一致性,也出台了一些规范。如英国 1995 年高等教育质量委员会制定了《高等教育境外合作办学工作规范》[①]。为了确保逐渐成长的私立高等教育的质量,马来西亚政府于 2007 年成立了马来西亚学历资格机构,以监督马来西亚的学历资格架构。从高等教育内部来讲,近年来新加坡通过建立国际学术咨询委员会和教育部推行的大学治理和拨款评估活动来实现高等教育质量的提高和内涵发展[②]。

1. 东道国政府对于外国教育机构学术质量的监管:不能仅偏重合规性

政府对于外国教育机构学术质量的监管不能仅仅局限在合规性方面,还要努力建立全面、公正、透明的管理系统,保证有全面的监管能力,明确学位授予国与接受国双方的责任,提供准确、可靠并容易获取的信息,建立双边或多边的联系。目前美国、英国、马来西亚等国家都建有跨境高等教育质量监控体系[③]。

2. 输出国政府对于跨境教育质量的评估:需要适时引入第三方认证

输出国政府需要借助第三方评估和认证的力量,保证跨境办学的质量,建立和维护地区和国际化的网络,提供准确和便于利用的信息,建立通用的认可协议,成立国际成员专家组。对第三方提供的国际资质给予公正的认可。

(三) 大学内部对于学术质量的重视与管理

对全球性大学而言,保证海外分校的学术质量与母校一致,是其重要责任之一。学术质量主要体现为教师和工作人员的素质及开办课程的质量。维护好内部质量管理系统,提供准确的信息,共享成功经验,建立人际网络及合作关系,财务状况透明,明确大学所颁发学位的全球质量保障标准和程序的一致

---

① 皮特・斯科特.高等教育全球化理论与政策[M].周倩,高耀丽,译.北京:北京大学出版社,2009.

② 宋佳.亚洲高等教育枢纽之争:路径、政策和挑战[J].外国教育研究,2015(12):79-91.

③ Lane J E, Kinser K. Multinational colleges and universities: leading, governing, and managing international branch campuses [M]. Jossey-Bass, 2011:1037-1077.

性有助于保障全球性大学的学术质量。多方面举措可为全球性大学学术质量标准的同一性提供更多可能。

1. 鼓励和促进学生和教师在全球性大学系统内的流动

师生在全球性大学系统中的流动,可以一定程度上均化大学的学术质量。优质课程和学习体验将伴随师生的流动,对整个大学系统形成交互影响,从而使全球性大学系统内的学术质量相对保持一致。同时全球性大学需要控制全球校区的规模,确保学生招生和教师招聘可以达到较高质量。

2. 加强学生反馈并改进质量

学生是质量控制过程中的重要环节,应多听取学生对于课程的反馈,并为学生提供更多研究和从事学术活动的机会。

3. 广泛运用信息技术以使学术质量获得一定保障

借助互联网,大学图书馆的图书查阅路径和利用方式发生了翻天覆地的变化。图书资料向数字化图书发展与转化,大大提升了师生利用图书的效率和可能。大学的师生员工可以使用个人账号直接登录,随时查找和阅读数字化图书和专著。技术的发展与突破,弥补了原来跨校跨国借书带来的经费和时间问题,让大学师生员工可以更快更便捷地分享联合资源①。图书馆资源的利用和信息技术手段的发达,使纽约大学的学术研究和课程资源变得更丰富并与全球同步。据纽约大学图书馆卡罗尔·曼德尔主任介绍,美国纽约大学校园图书馆共计510万卷藏书资料由阿布扎比政府资助,届时图书馆将选择所有合适的资料进行数字化,计划供阿布扎比校园使用。当然这一计划需要经过多重审批②。

此外,视听技术、教学指导技术、视频会议技术等让纽约大学全球校区的师生联系更加紧密,纽约、阿布扎比和上海的纽约大学师生可以在校区任意范围内登录纽约大学全球网络。纽约大学阿布扎比校区图书馆已实施提升纽约和阿布扎比校区之间技术业务处理效率的新策略。确保和提高用户获得图书资源效率的一个有效策略是培训馆员。纽约大学阿布扎比校区图书馆聘用的新技术馆员,先在纽约接受三个月的交叉训练,然后移居阿布扎比。这一特定沟

---

① 向东春. 美国大学联盟的生成逻辑与运行特点[J]. 高等教育研究,2014(3):105 - 109.

② Oder N, Blumenstein L, Hadro J, et al. Abu Dhabi won't digitize all of NYU's library [J]. Library Journal, 2009,134(19):12.

通模式的付诸行动,解决了目前存在的诸多问题,改善了效率低下的情况①。全球性大学可以利用网络进行异地传输和实时通信,为学生选修课程、开展活动和获取各门户校园的课程资源提供可能与便利,从而也确保了学术质量的同一性。如纽约大学外派教师会用视频交互技术,与阿布扎比分校的教师一起给两个校区的学生教学,开展研讨等。

我们搞活动时和其他校区用 Skype 软件一起开会讨论。比如,纽约大学黑客马拉松大赛是在三个校区同时举行的。②

互联网通信等技术的进步,创造了教师与学生直接多方位沟通的机会。即便是短期或临时聘用的教师,学生也可以在课后通过各种网络通信方式直接与其进行沟通。随着技术的进步,学生将更频繁、迅捷地与世界各地其他文化的个体建立联系。

---

① Parrott J. Communication and collaboration in library technical services: a case study of New York University in Abu Dhabi [J]. New Review of Academic Librarianship, 2016, 22(2-3):294-303.

② 上海纽约大学学生访谈问卷,访谈编号 012。

第五章

全球性大学的行政管理创新

全球性大学具有校园复杂和教职员工分散等特性,传统的大学管理模式已经难以适应这些特性,需要形成校园运行的新机制,这使得全球性大学的管理更具挑战。全球性大学的管理模式必须有所创新,方可以协同运作。本章主要围绕全球性大学的治理,分别从组织管理、资产管理、风险控制等方面探讨全球性大学的行政管理创新和发展现状。

第一节　全球性大学的组织管理

全球性大学相对于其他大学而言,由于利益相关方更多,其行政管理的复杂程度也更高。全球性大学的管理,正如克拉克·科尔所描述的那样,"由于机构变大了,所以行政管理作为一种特殊的职能变得更为程式化和更加独立了;由于机构变得更为复杂,行政管理在使大学整体化方面变得更加重要了;由于学校同外部世界的关系更密切了,行政管理就承受了这些关系所带来的负担"。除了前面几节中提到的学生、教师、课程、研究和学术质量以外,全球性大学还需要处理好与本地政府的关系、与合作伙伴机构的关系、与门户校园之间的关系等。这些复杂关系处理得成功与否,直接关系到全球性大学的发展。

一所好大学,必须建立在好的学校管理基础之上,拥有优秀的管理者以及可以良好运作的组织管理架构。在优秀领导者带领和良好运作的组织架构保障下,实施全面高效的资产管理,是全球性大学行政管理的重要内容。校长作为领导者和责任人,无疑具有举足轻重的作用。全球性大学的行政管理,需要以校长为首的管理团队发挥领导力优势,需要组织架构具备制度优势,需要资产管理实现效能优势。

一、全球性大学的校长领导力

校长是一所大学文化精神和学术使命的象征。校长首先要能够清楚地阐述大学的战略目标和价值,并围绕目标制订计划,带领管理人员去实现计划,达成目标。校长需要具备劝说其他大学核心成员关注、认同和支持目标,行动一致,支持他的计划,并满怀热情去执行计划的能力。校长要在大学中创立知识共同体,在这个共同体中,大家互相鼓励、启发、团结。校长需要进行有效管理,行政管理作用与压力的变化给作为行政管理首领的大学校长角色带来的挑战是不言而喻的。

(一) 全球性大学校长的使命

1. 实现全球性大学使命转变的实践者

在全球化环境中,大学面临着诸多使命的转变。随着法人主体意识的提升,大学正在逐步迈向自治的治理模式,大学学术自治意识正不断得到强化。全球性大学的使命,始终围绕深度的国际化接触和发展,通过与全球范围内行业、政府、大学和地方合作伙伴的合作,形成卓越的研究和教育,获得全球范围内学校声誉的提升。

首先,全球性大学具有跨国性质,超越了国家主体,其角色既不是一国政府的教育代言,也不是简单的多国政府的教育代表。在全球性大学体系内,不可否认,大学的使命已经超越了国家层面。随着大学自主管理的不断深化,大学的管理理念和价值追求,尤其是课程、教学管理等方面的程序,有时会与门户校园所在地政府和相关方存在不同程度的差异,因此可能会形成潜在的价值冲突。在大学的全球化背景和发展过程中,全球性大学的各门户校园,与本地政府构建形成了一种新型关系,成了一种委托和监督关系。政府委托大学进行科学探索、知识创新、人才培养;同时政府监督大学的各类活动围绕这一目标开展。大学遵循内部的办学理念和战略规划的统一,在全球范围内传播其理念和塑造品牌,同时,在遵循各门户校园所在国的国家法律法规基础上,围绕本地的经济和城市发展特征和需求,进行本土化探索。

其次,全球性大学需要体现对不同学习者学习需求多样化的尊重,致力于培养全球公民。全球性大学的学生国际化程度高,学生群体的文化多样性会使学生表现出学习的多元化。大学需要对具有不同文化背景和学习方式的学生进行引导,引导学生进行跨文化学习,并通过文化融合激发思考,创新知识。全球性大学需要在多元文化的环境中,培养能够满足全球市场发展需求的学生,帮助学生养成全球观和全球意识,尊重多元和多样化。

最后,全球性大学的人力资源开发和管理,尤其是对于教职员工的管理,需要基于目标和绩效,提升教职员工对门户校园的本地归属感和全球融入感。不管是外派教师,还是本地招募的教职员工,都需要围绕全球性大学系统内各门户校园的教学和科研需求,具备相应的资格。学校对其进行目标式的契约管理,使教职人员对于自己的定位既是全球性大学中"这所"门户校园的教职人员,同时也是全球性大学"系统"中的一员;既体现门户校园的本地独立性,又兼顾全球性大学的系统性。如上海纽约大学本地招募的中国籍教职员工,大多将上海纽约大学视为一所独立的中外合作大学,但他们也认为该门户校园是纽约大学全球系统中的一部分。而外派教师和外籍教职人员除了认为上海纽约大学是纽约大学全球系统中的一部分外,大多同意上海纽约大学是美国纽约大学的一所海外分校。对于组织不同的认知和定位,会影响教职人员在该组织中功能的发挥。全球性大学的教职人员的管理需要加强教职员工对身份定位的统一认识。

全球性大学具有新的使命,而引领大学进行变革和创新则是全球性大学校长需要承担的使命。大学校长需要根据全球性大学的使命,不断深入大学的全面国际化管理,为全球范围内行业、政府、大学和地方合作伙伴开展有效的合作而创设条件;鼓励教师关注不同学习方式和跨文化的学习者,帮助其实现学习目标,培养全球公民。

2. 以协调平衡多方关系与致力于学校发展进步为主要任务

校长在实际工作中,履行着诸多复杂的角色。校长是一名领导者,是一位教育家,是集创新谋划者、信息传播者、管理者、劝说者、引领者、沟通协调者等各种角色和身份于一体的人。其中,需要特别强调校长作为沟通协调者的角色。沟通协调者的首要目标是平衡,保持大学内外相关的各社群、各种利益以及各种观念之间共存共处。现在的大学与以往大大不同,它越来越大,且越来越复杂,同时也越来越受到制约,需要调和的因素越来越多。校长不能直接命令,而是需要通过劝说、影响、带动等,寻求和鼓励一致,保持各方利益的微妙平衡。新时期下,全球性大学获得了发展,对大学校长的任务要求也随之变化。全球性大学所需要的新型校长不仅是富有创造性的领导者,还应是协调和平衡多方利益,进行机制仲裁的行政管理专家。

大学是一个具有多种激进功能的保守机构,保守是说,相对于社会其他功能,大学整体的变化不大。校长对于大学的发展,应该有长远的、战略的思考。一名称职的校长,除了有战略思考以外,同时还必须是勇于革新的践行者,能将战略思考通过学校的组织架构实施和推进,致力于推进大学的发展与进步。

简而言之,全球性大学校长的主要定位是:一名富有革新精神的沟通协调者。其主要任务是在跨文化环境中协调平衡和促进进步。校长任务的艰巨之处正在于他要在新的环境中试图协调这两者。正如克拉克·科尔所认为的那样,"最后的检验在于:调解是否允许进步以足够的速度和正确的方向前进,必要的革新是否能够超越学校中的保守主义"①。

3. 承担多方压力,处理复杂关系

由于利益相关者众多,全球性大学校长承担的压力也来自多个方面,既有内部董事会/理事会和教师委员会的信任压力,也有外部公共关系的维护和交往危机。全球性大学各门户校园间内部组织相对独立,然而由于系统内办学理念和管理模式等的全球一体化,往往除了单一门户校园的各类委员会以外,还有全球事务方面的专门组织,且组织之间的关系比较复杂。全球性大学的校长需要处理董事会/理事会、学术委员会、行政和人力资源等复杂关系。然而,这些压力有时会内化为全球性大学发展的动力。

(二) 全球性大学校长的角色

1. 角色的转变

从历史角度来看,大学校长的角色有三类:第一类是学术象征型;第二类是教学行政管理型;第三类是校务经营型。有学者对于 20 世纪 80 年代之后,现代大学校长所承担的角色进行了分析,主要归纳为八个方面:一是大学未来的规划者;二是大学任务和目标的掌舵者;三是大学质量的控制者;四是大学公共关系的维护和塑造者;五是社会公共政策的参与者;六是董事会成员;七是教授

---

① 徐丹. 克拉克·科尔高等教育思想研究[M]. 长沙:湖南大学出版社,2007.

们的领袖；八是学生的辅导者①。

　　然而，全球性大学校长的角色远远不止以上提到的这些。由于全球性大学利益相关方的复杂性以及国家主体间性等特点，全球性大学的校长必须处理好分支校区之间以及海外分校与母校的关系、多元的教职员工和学生的管理问题、大学与多国政府的关系、大学内外部风险管理、全球性大学系统内的组织管理效能问题等。随着全球性大学的发展，全球性大学校长所扮演的角色也将随之不断变迁。

　　2. 多重角色与能力

　　上海纽约大学的美方校长雷蒙曾提出，作为校长需要关注两件事。一是为师生创造一个适宜的学术环境。学术环境既指教室、实验室、研究设备等硬件设施，也指一个能让师生在其中思考、交流的学术社区。校长要不时地与教师和学生沟通，了解如何有效地激励学生学习，如何为教师做创新性研究提供支持，为他们搭建一个自我提高、自我展现的舞台。其次，校长要会"讲故事"，将学校介绍给公众、学术界同行、政府官员、媒体以及对支持学校发展感兴趣的人，说服他们帮助学校建设得更好。

　　由于需要担任多重角色，完成多重任务，全球性大学的校长角色呈分离状态。面对如此纷繁的角色，校长需要解决角色冲突和整合问题，为更好地服务全球性大学的发展当好舵手。

　　（三）全球性大学校长的基本素质

　　全球性大学的形成和发展离不开大学校长的决策、魅力和努力，其成功建立和发展无时无刻不与校长联系在一起。

　　纽约大学全球系统的建立，首先就是约翰·塞克斯通校长在任时提出的一项宏伟的战略发展计划。约翰·塞克斯通是美国纽约大学第 15 任校长，在任期间，通过建立纽约大学阿布扎比分校和上海纽约大学，使纽约大学的全球网络得以建立，并提升了纽约大学的全球影响力。根据上海交通大学的世界大学学术排行，纽约大学 2016 年全球排名第 29 位。在华东师范大学与美国纽约大学合作共建上海纽约大学之前，在很多上海人的眼中，相对于牛津大学、剑桥大学、哈佛大学、斯坦福大学，他们并不十分了解这所优秀的学校，不了解纽约大

①　王洪才. 大学校长：使命·角色·选拔［M］. 上海：上海交通大学出版社，2009.

学的教职人员团队拥有多位诺贝尔奖获得者,全球排名在前30位。上海纽约大学成立后,通过校园日的宣传、开放课程的选修、教师听课等途径,上海本地及周边地区的学生和家长方对纽约大学有所了解。

提到上海纽约大学的建立和发展,除了约翰·塞克斯通校长外,还不得不提到另外一位校长的卓越贡献,那便是上海纽约大学首任校长俞立中。俞校长自2003年以来,先后担任过上海师范大学校长、华东师范大学校长,然后参与上海纽约大学的筹建,并担任上海纽约大学的首任校长。俞立中在上海十多年的大学校长的管理经验,使他与上海本地高教系统和政府管理部门建立了深厚的信任感,积累了上海教育界的人脉资源。这一点可以帮助上海纽约大学获得教育部、上海市政府的大力支持以及各界合作伙伴资源方面的支持。从这些例子来看,校长的素质对于全球性大学的发展具有重要作用。

在学生心目中,希望校长:"和蔼可敬,亲和力特别强,和学生一起探索可能性,用心办学"[1];"平易近人,全球视野,具有先进的教育理念"[2];"英文水平高,有开阔的视野和亲和力"[3];"对所有不同文化持开放的全球心态,具有全球视野"[4]。在教师和管理者心目中,校长需要"能够达到学校目标完成,有能力将个人的领导力与学校全球发展的使命和愿景相连"[5];"通晓国际规则、跨文化理解、语言能力和在国内外教育机构长期工作的经验,缺一不可"[6]。

从纽约大学的实践经验来看,全球性大学的校长,除了一般校长需要具备的领导力等基本素质以外,还需要具备独特的综合素质。这些素质具体归纳如下。

1. 高瞻远瞩的全球视野

全球性大学的办学理念需要跨越国家层面,建立一种放之全球而皆准的通用标准。这需要校长具备全球视野,把握高等教育在经济政治变化过程中发展的大方向。同时加强与跨国组织的联系。

---

① 上海纽约大学学生访谈,访谈编号009。
② 上海纽约大学学生访谈,访谈编号010。
③ 上海纽约大学学生访谈,访谈编号011。
④ 上海纽约大学学生访谈,访谈编号012。
⑤ 上海纽约大学某学生部门副主任访谈,访谈编号006。
⑥ 上海纽约大学校长助理访谈,访谈编号007。

2. 丰富熟稔的本地经验

全球性大学的发展离不开本地各界人士的支持,尤其需要紧密依托本地的企业和社区资源,发展与外部的紧密联系。校长必须具有深厚的本地关系脉络,可以积极调动和依托本地力量和资源,从而进一步推动全球性大学的发展。

3. 较强的跨文化沟通能力

沟通能力看起来是外在的东西,而实际上是校长个人素质的重要体现。一位好校长,需要善于调动各方力量,积极沟通。学校的管理实际上就是沟通过程的呈现。谋划学校发展,制定规划和规章,需要与广大师生沟通,与各院系及行政部门沟通;争取外部资源,解决各类问题,需要与各级管理部门沟通,与社会和企业沟通;扩大学校的影响力和提升服务社会的能力,需要与媒体和本地社区沟通。校长是这些沟通的推进和协调者,只有沟通顺畅,管理才会通顺。由于全球性大学的独特性,跨文化维度的沟通能力是校长所应具备的基本素养,校长这方面能力的高低直接关系到全球性大学的发展是否顺利。

4. 坚持以学校使命为原则的开放心态和妥协能力

全球性大学的校长需要具有学会妥协的能力和开放的心态。在面对多重利益相关方的诉求时,该妥协退让之处需要妥协退让,该坚持原则之处则需要坚持原则。这个坚持或妥协的原则,并非个人的感情用事,而是需要以学校发展目标和使命为判断依据。校长需要将个人能力与学校的发展使命和愿景相联系,同时持开放心态和抱持一种学习的态度将事情做好。

5. 通晓国际规则的合作能力

全球性大学的校长需要具备合作能力,争取各种有利因素和力量为学校谋得发展。全球性大学在发展过程中一定会遇到诸多新的问题,管理者在管理过程中会纠结、争论,但是最终要合作。因而通晓国际规则,具备合作的精神和能力,是全球性大学校长应该具备的能力。

作为一名校长,首先要有远见。他要有长远的眼光,一定要明确我们这所学校到底要干什么,我们到底要往哪里走,如果没这个想法的话,那就没有一个基本的原则去考虑事情。其次,需要有"三个 C"的能力,就是沟通(communication)、妥协(compromise)、合作(cooperation)能力。需要有一定的耐心、耐力,或者要有一定肚量。"三个 C"是我一直推崇的地方,就是我觉得校长首先一定要善于沟通,充分沟通。再次,是妥协,要学会让步。最后,就是要合作,要善于合作,互相补台。我们现在不是讲双赢吗?未来还要多赢,上海纽约大学参与办学的简单说有四方,纽约大学、华东师范大学、上海市政府、浦东新区政府,怎么让四方都能够达到自己的目的? 每一方都有自己不同的目标或诉求,比如,从华东师范大学角度讲,它更关注的是学术,它为什么要参与这个事情,因为对它的学术提升有好处。纽约大学为什么要参与这个事情? 它要建一个全球教育体系。那么上海为什么要参与,它要建一个国际化大都市……这些都是需要考虑的问题。①

二、全球性大学的组织架构

全球性大学的组织管理架构,相较于其他大学,更加关注全球与地方的开放性、协同性、互动性,具体体现为以下几方面的特点。

第一,在大学组织机构中融入跨国、全球性因素。全球性大学中的各种治理委员会,需要体现全球地方协同发展,各门户校园系统联动的特点。在学校层面的评议会成员中,一般都会包括全球性大学各校区的副校长。因为海外校区中,由副校长负责校区的学术和行政事务。在院系层面,一般以天然的学术联系为主,各门户校区按照相关院系进行全球对接。全球性大学只要是涉及整个大学的活动,在纽约大学其机构或活动名称前面都会用上"global"进行标识。

纽约大学评议会成员包括校长和137名投票成员,组成如下:21名系主任和各门户校园副校长;38名已获及有望获得终身教职的教师评议委员会成员;29名全职持续合同教师评议委员会成员;37名学生评议委员会成员;7名行政管理委员会代表;5名大学官员,包括校长、教务长、健康执行副校长、秘书和总法律顾问、首席财务官。从组织架构可以看出,门户校园的副校长已经在评议会成员当中,体现了门户校园联动的特征,同时教师代表中也有来自海外校区的成员。

第二,针对跨国和全球性特点,创设新的组织机构。纽约大学2013年设立了全球网络教师咨询委员会。该委员会每月召开一次会议,主要讨论全球大学系统协同发展以及各校区发展所需要解决和共同探讨的问题。学校设有学术事务国际学习项目组、全球服务办公室、全球项目办公室等,同时还有负责全球协作网络事务协调的教师职位。

---

① 上海纽约大学校领导访谈,访谈编号005。

除此之外，各校区之间、各部门之间业已形成协同发展模式，轮值召开全球事务会议，如学生事务部门召开纽约大学全球学生会会议，学术部门召开纽约大学全球学术事务委员会会议等。

第三，协同的行动。全球性大学最主要的组织和行动便是统一身份，统一品牌，进行全球协同行动。这同时也有利于学校品牌保持一致性。

学校各校区之间的互动，大家互相之间就是一个体系，学生之间的流动，教师之间的流动都有。学生当中开展的全球校区互动也很多，学生会之间的交流就很多。[①]

第四，内部两套模式并行。由于母校所在国与东道国的文化差异，全球性大学内部需要形成分别对接以母校为主的全球标准以及与本地政府制度合法性相适应的两套组织结构。这两套对接系统的服务对象有所重合。相对而言，学生事务是融合和对接最直接的部分。职员构成有熟悉母校流程的管理者，也有熟悉本地环境的本地管理者和职员。

学校的部门，实际上我觉得比较合理的是，它要有对接纽约大学全球体系的栏目，也要有对接中国教育体系的栏目，当然现在我们大部分部门应该都实现了。[②]

第二节　全球性大学的资产管理

资产是支持学校运营和发展的重要保障，是大学发展必不可少的重要基础。大学的基础设施、大学的品牌等都属于大学资产的范畴，这些资产的管理对于一所大学，尤其是全球性大学的管理和发展具有举足轻重的意义。良好的资产管理有利于大学教学科研顺利开展。高质量的资产管理可以为学校发展的重点领域提供重要资源，关乎学校未来的成功。资产管理可以投射出一所大学的行政管理运行情况，全球性大学的资产管理对于全球性大学的发展具有重要作用。全球性大学，由于全球校区的广泛分布，为资产管理带来了挑战。为了保障全球校园的有效运转，全球性大学的资产管理与一般大学相比具有独

---

① 上海纽约大学校领导访谈，访谈编号 005。
② 上海纽约大学校领导访谈，访谈编号 005。

特性。

一、全球性大学的资产权属

资产是大学开展学术活动和管理工作的基础和保障。明晰的资产权属，有利于大学提升办学自主性和办学质量。

目前已有研究通过调查问卷的形式调查了 180 余所海外分校，发现海外分校的资产权属所有方式有五种：一是资产完全归举办方母校所有；二是与当地政府合作，由当地政府补贴投入建设；三是举办方母校与投资公司或地产开发商等本地私人投资者合作建造校区，合作者会从海外分校收益中分得一定比例的收入，但更多是将学校作为周边地产销售的福利卖点；四是租赁，一般是指在学术城的大楼内租用空间；五是学术伙伴合作，借助使用本地学术合作伙伴的校园和设备进行独立的教学活动①。

蒙纳士大学于 1998 年在马来西亚设立了蒙纳士大学马来西亚校区。这一独立实体是蒙纳士大学与马来西亚双威集团的一项合作项目，蒙纳士大学占有其 45％的股份。由于学校并不对这一实体形成控制，其财务状况未合并入蒙纳士大学年度财务报告。蒙纳士大学只是承担向马来西亚校区提供人员和物资的相关成本，同时获得马来西亚校区支付的许可费形成收入。截至 2015 年 12 月 31 日，双威校区有全日制学生 5 997 名，实现净利润 260 698 澳元。马来西亚校区在 2015 财年向蒙纳士大学支付了 1 340 万澳元的许可费②。蒙纳士大学马来西亚校区的资产权属就属于第三类，即大学与本地地产集团合作。蒙纳士大学设立了马来西亚校区这一合资单位，是为了实现明确利益，包括提升区域和国际形象、获取更多收入、区域中更好的学术网络合作和研发机会。

此外，我们可以通过纽约大学在上海合作开办校区的案例，透视全球性大学在资产权属方面仍然存在的有待厘清和明确的问题。在举办上海纽约大学之前，纽约大学在华东师范大学内开设纽约大学上海中心，这是一个海外学习或教学点。其资产权属所有方式是第五类，即使用学术合作伙伴华东师范大学

---

① Lane J E, Kinser K. Five models of international branch campus ownership [J]. International Higher Education, 2012, 70: 9 - 11.

② Office V A. Universities: 2015 Audit Snapshot [EB/OL]. (2016 - 05 - 26)[2017 - 01 - 24]. http://www.audit.vic.gov.au/publications/20160526-Universities/20160526-Universities.pdf.

的校园,开展学术活动。然而学术活动仅限于学分课程,不可授予学位。而上海纽约大学创办后,随着办学地点和合作方式的变化,资产权属也跟着发生了变化。上海纽约大学是一所中外合作大学,作为中国高等教育改革的创新以及纽约大学的全球创新试点,其治理模式,尤其是产权关系、治理结构、与政府的关系等成为学界关注的重点。

(一) 举办主体

上海纽约大学是在中国境内注册的一所具有独立法人资质的中外合作大学。从法人性质来看,中国公立大学的法人性质一般是事业单位法人。与公立大学不同,上海纽约大学作为中外合作办学,其法人性质是民办非企业。然而,这一民办非企业的业务主管单位是上海市教育委员会,也即政府部门,该属性与一般民办非企业有所区别,形成上海纽约大学产权关系的一种独特性。名义上,上海纽约大学的举办方是政府部门。然而,上海纽约大学是美国纽约大学与华东师范大学合作举办的一所大学,其举办的主体是两所大学,政府实际履行监管和评估职责。从法人的举办主体角度,上海纽约大学在产权关系上缺失了美国纽约大学作为举办方之一的主体体现。

(二) 资产性质

上海纽约大学是一种教育综合改革的尝试,获得了教育部和上海市的共同支持。上海纽约大学获得政府的各类支持,既有国家的支持也有地方政府的支持。国家支持主要表现在国家层面以科研项目投入的方式或者以委托服务的形式进行资金支持。地方政府的支持更加多元化一些,主要包括办学用地和用房等对于大学资产的支持、开办资金的支持以及以中国学生补贴投入为主的持续支持等。

从开办经费来看,上海纽约大学的开办资金是由上海市政府划拨给合作的中方母体高校华东师范大学,继而由华东师范大学对外投资。从设立和投资关系看,华东师范大学名义上是上海纽约大学这一民办非企业的设立或投资方,实质是代表上海市政府。然而民办非企业的性质特点,与设立出资方的国有属性,造成了上海纽约大学这一民办非企业法人的资产是否具有国有资产性质的模糊。

目前上海纽约大学的经费主要来自三部分:一是政府的支持;二是学费和科研服务的收入;三是捐赠收入。其中政府的经费支持,主要是上海市政府和浦东区政府的支持,这使上海纽约大学的属性和产权关系形成了矛盾。民办非企业的举办经费和收入一般需要由非国有成分占主要部分,然而,就目前的上海纽约大学而言,因为规模较小,在确保办学质量和研究水平的前提下尚无法达到这一要求,需要政府长期持续的支持。

(三) 财产所有权

独立法人具有对其财产的使用和支配权。由于上海纽约大学创办资金的属性,校区运营之初,资产的处置是否需按照国有资产处置权限和程序推进,尚不甚清晰。从另一角度而言,纽约大学在法律上的举办主体形式的缺失,正是为了避免资产所有权的纠纷与矛盾。

二、全球性大学的品牌管理

各门户校园的学校声誉都属于全球性大学的无形资产。任一门户校园办学声誉的下降,都会影响全球性大学整个网络的声誉和品牌。因而海外校区的失败,最主要是影响全球性大学的品牌和声誉等无形资产。

品牌管理对于全球性大学而言,十分重要。全球性大学品牌保持认知一致性,需要体现在全球各校区在管理方式和结构等各方面的融合,以保持全球一致性,具体可表现为组织结构、招生录取模式、管理程序等的全球一致性。

组织结构方面,机构的设置和名称,各门户校区内相同部门保持一致。

上海纽约大学对于讲师、教授的名称,和纽约、阿布扎比校区都是一样的,这样就不会导致有些学生觉得在这个校园和其他校园有那么大的分别,比如说residential life,学生的宿舍管理,很多中国大学是没有这个部门的,但我们是有的。纽约宿舍名称用的是 residence hall,我们这边也是用 residence hall,管理老师是叫 residence hall director,这里也是 residence hall director。所以我们就是想要品牌达到比较相似或一致。[①]

招生录取模式方面,各门户校区的选拔方式和录取标准一致。

申请表格都是一样的,学生录取选择标准也是一样的。我们录取的都是纽约大学,只在哪个分校录取比较适合。[②]

管理程序方面,各门户校区遵循一致的规则与程序。同时,由于在全球性

---

① 上海纽约大学某学生部门副主任访谈,访谈编号 006。
② 上海纽约大学某学生部门副主任访谈,访谈编号 006。

大学各校区中所遵循的程序具有高度相似性,某一校区程序的修改会产生类似蝴蝶效应的联动反应。从另一角度而言,相对其他大学而言,全球校区如果发生本地适应性问题,需要启动程序和规则修改时,其决策程序和效率相应会下降,同时也会给学生带来因程序不一致而导致的迷惘,因而在全球标准一致与决策效率方面会有一定的冲突。以教师招聘程序为例,海外校区招聘教师需要同时通过本地教师委员会和全球教师委员会的评议,决策程序相对繁复,这也造成了决策效率不够高效的情况。

在纽约大学的系统中,各校区需要考虑到各自所做的决定是否会影响到全体纽约大学,所以我们有些时候,也会和纽约的、阿布扎比的分校领导先沟通一下,说我们这边要改规则,如果改的话,会对你们那边有什么样的影响。不像如果你是独立的,要做什么,或者更改一些管理规则,就不需要考虑到其他方面。我们还需要以纽约大学为重来考虑我们怎样来做这些管理类型和流程。①

纽约大学是一个品牌,但上海纽约大学是一所新学校,没有历史,还没建立自己的品牌,所以学生来上海纽约大学,他们心目当中是以纽约大学的品牌为参照和要求的。②

第三节　全球性大学的风险管控

全球性大学运行的环境越来越复杂,尤其是跨国跨境办学的行动,使大学面临更多利益相关方关系的处理;同时,公众和政府部门对大学管理的要求越来越高,大学作为独立法人机构,监管部门对于其内控管理的要求提高,对于全球性大学的风险控制也提出了多方面的要求。基于以上认识,全球性大学开展风险管理和控制的必要性得以凸显。风险控制与管理的好坏,直接影响到全球性大学的可持续发展。

大学的风险来自多方面,主要有:财务方面的资金风险,人员方面的师资、生源和管理者风险,资产方面的无形资产声誉的风险,制度方面的政策、合作关系、文化适应性风险等。如何控制好风险和效率之间的矛盾,建立学校的风险

---

① 上海纽约大学某学生部门副主任访谈,访谈编号 006。
② 上海纽约大学校领导访谈,访谈编号 005。

管理计划,并采取有效的风险应对措施,是全球性大学管理者需要考虑的问题。

一、全球性大学的内部风险管理

面对内部和外部的风险,大学需要从内部管理着手,开展校区全覆盖的全面风险管理,制定各部门风险分类清单,积极预防和控制风险。

纽约大学每个校区都设有合规与风险管理部门。该部门负责确保大学及其成员开展活动以及大学运营符合相关法律法规的要求。合规是一个系统治理的方法,旨在确保机构在所有适用的法律、法规中履行其义务,制定标准和政策。纽约大学致力于培养"合规文化""遵守文化"的道德行为。为了实现对这些目标的承诺,纽约大学制订了合规性和风险管理计划。计划由五个基本要素组成:基于风险的方法来评估和优先考虑大学的全球合规风险,并降低风险;大学范围内遵守监督审计委员会的合规结构;大学政策和指导方针;沟通、教育和培训;年度和定期监测。

我们这边还会有专门做风险管理方案的流程。我们每一年每一个部门必须提出一些对于我们管理中会碰到的问题,主要是把风险的概念作为一个积极的,而不是一个消极的概念提出。如果你能想出这些风险,而设计一些计划去管理的话,其实是好事,而不是去指责你为什么可能存在风险,因为我们的工作中是不能全面地避免风险的,我们必须在起初就去面对这个风险,而不能等到发生之后再说我以为不会发生,或者是我在避免这个事情,所以我觉得这个是要直接面对的。①

蒙纳士大学对于马来西亚校区的风险控制和管理主要聚焦于财务业绩和招生的数量。同时,该校采用多种方式控制风险:一是聘请内审人员,直接向董事会汇报;二是母校管理层负责对分校相关的财务收入和费用进行常规检查;三是财务团队经常审阅分校的财务报告,包括每季度的招聘情况、预算和实际开支,从而使管理层能确认许可费收取的准确度并判断各类风险。蒙纳士大学的中央管理层和理事会考虑马来西亚校区教学质量、学位资格授予相关的风险,包括战略风险。为了防范这些风险,该校启动相关计划,专注于质量保证项目。然而,蒙纳士大学尚未评估设置分校所需要达到的结果是否已完成。

---

① 上海纽约大学某学生部门副主任访谈,访谈编号 006。

二、全球性大学的外部风险控制

有研究表明,全球性大学海外分校的设立风险取决于几个相较于母校而言的关键维度:分校所在地国家政策的变化与稳定性、分校所在地制度文化的差异(见图 5-1)。

	制度的不确定性低	制度的不确定性高
制度的 差异性高	"改造适应"模式 建立海外分校 需要改造结构和程序 以适应本地制度环境 如:中国	"不适用"模式 不适宜建立海外分校 风险太大 如:印度
制度的 差异性低	"复制迁移"模式 建立海外分校 母校的结构和程 序可复制性迁移 如:新加坡、西欧地区	"合作支持"模式 建立海外分校 需要寻求本地合作伙伴共建 或寻求本地政府的充分资金保障 如:海湾地区、马来西亚

图 5-1 海外分校风险控制的四分情况

资料来源:Girdzijauskaite E, Radzeviciene A. International branch campus: framework and strategy [J]. Procedia-Social and Behavioral Sciences. 2014(110):301-308.

1. 全球性大学与本地政府的关系

本地政府教育政策的变化,对全球性大学产生影响。稳定的政策、开放的教育市场、良好的监管和服务都有利于全球性大学的本地生存和发展。相反,模糊的制度、变化的政策、监管和服务的缺失均不利于全球性大学的良性持续发展。全球性大学需要积极与本地政府构建良好的互动关系。

2. 全球性大学与合作伙伴大学或机构的关系

全球性大学的外部风险,主要来自全球本地化过程中的压力,这些压力来自竞争者和合作伙伴等方面。全球性大学在本地的合作伙伴大学,既是开展共同研究的合作伙伴,同时也是潜在的竞争者,因为两者都希望招募优秀学生和优秀教师。全球性大学在与合作伙伴大学开展具体合作过程中,会遇到两难的境地。因此,全球性大学有必要加强与本地合作伙伴大学的紧密联系和更广层面的学术合作,建立类似联盟系统内的资源共享体系,共同创造竞争优势。

第六章

全球性大学的发展特色与挑战

全球性大学遵循母校全球一体化的学术标准和课程指导，同时在本地适应方面，与国家和地方共同发展。全球性大学在国家层面的协同发展，主要体现在全球性大学丰富国家教育办学形式、服务国家战略和人才培养、争取国家政策和财政支持等方面。

第一节　全球性大学的发展特色

一、全球—国家—地方协同发展

全球性大学与本地社区的协同发展和依存关系，是全球—国家—地方协同发展的重要依托。全球性大学门户校园选址往往会偏向经济、文化相对发达的地区。首先，这些地区的基础设施相对比较完备，办学基础条件较好；其次，这些地区已经积累了一部分高等教育的资源，具有比较好的教育、社会服务的环境与氛围，同时业已积累了一些人力资源；最后，这些地区需要大学入驻，以满足当地实现人才集聚和服务本地经济发展的需要。地方出于发展需要，提供政策支持和激励，有利于全球性大学门户校园的建设发展。

大学与本地社区发展紧密关系，主要是以学生的培养为基础。大学与本地社区的关系，是"一荣俱荣，一损俱损"的互相依存关系。

上海纽约大学开拓了一种新的培养人才模式,一方面非常适合目前世界大趋势的教育领域的发展;另一方面,立足中国的多文化融合和碰撞可以在区域内和国际上让人们看到更多发展的可能和看问题的角度,有利于新时代区域和国际问题的解决。[1]

如何更好地为地方社会经济发展服务,我们各个部门都做了一点工作。比如我们图书馆跟浦东新区图书馆的合作就做得很好,上海纽约大学现在已在浦东新区图书馆成立了上海纽约大学教授讲堂,隔一段时间我们会有教授在那里做讲座,都是公益讲座,而且来听的人很多。我们也通过上海纽约大学的教师和学生开了一个英语角,地点也是设在浦东图书馆。所以浦东图书馆如今就真的成了一个学习中心,而不是去看看书的地方,因为它里面有各种各样的活动。而且上海纽约大学与他们合作得还比较紧密,双方一直在开会,像这方面是做得还算不错的。像我们跟上海科技馆的合作,包括学生有一些活动,都可以放在那里,上课也可以放在那里。还有我们 IMA 互动媒体艺术,他们会做很多路演,也跟很多学校有联络,他们也常到一些学校里面去做演讲。从教师这个角度来讲,这方面还是做了很多。包括潍坊街道团的活动,我们学生都会参加他们的志愿者服务。关注智障儿童,还有养老院,我们的学生到那里去做志愿者,跟潍坊街道的团委进行合作。浦东新区的青联,还有潍坊的妇联,我们也有教师、行政人员在里面工作,参与他们的活动。他们街道的一些节日庆祝活动,如三八妇女节活动之类,我们也会有学生去演出和祝贺。此外,他们也会把一些中国古代服饰展示之类的活动放在我们这里。学校跟浦东的互动是很多的。[2]

大学与本地的关系还体现在大学研究主题的本地化,关注和聚焦本地及区域的问题,研究服务本地。蒙纳士大学南非校区与澳大利亚校区联合发起倡议,成立蒙纳士大学非洲中心,希望可以吸引全球学者和顶尖人才通过这一知识平台,提升知识和技能,引导对非洲相关问题的辩论和研究参与。该中心于2010 年开始运作,已在非洲成功举办了两届道路安全及人力资源论坛。论坛达成的共识是蒙纳士大学南非校区需要在非洲道路安全、犯罪和暴力、技术需求、卫生人力资源、国民健康保险和艾滋病防治等一些重要领域开展研究

①　上海纽约大学教师访谈问卷,访谈编号 022。
②　上海纽约大学校领导访谈,访谈编号 005。

项目①。这些领域的研究将有助于提升校园的声誉,特别是大学在非洲本地的声誉。

在本地问题和治理的关注方面,纽约大学有 Sila Connection 活动②。该活动对于利用当地资源,促进学生与本地社区的联系和参与本地治理,提供了很好的实践路径。

二、整合多校区联动发展

制定清晰的大学发展长期战略规划非常重要。许多大学认识到国际化的课程和课外活动项目的重要性,并将之列为学校战略规划的一部分。美国教育委员会近期开展的一项研究指出,纳入调查范围的美国大学中有 50% 左右的大学在其声明的大学使命或战略计划中包含国际化或全球教育方面的内容。然而,从规划实施的情况来看,还存在诸多挑战,因为仅有 26% 的大学响应规划,实施校园层面的国际化计划。

全球性大学各校园之间既独立又彼此紧密联系。分支校园间具有学术一致性以及空间、时间、文化的异质性。每一个全球校园都会为整个全球性大学贡献创新。全球性大学从战略目标到具体实施,完全是围绕全球化这一核心任务进行管理和整合的。由于全球性大学存在全球多校区的实际情况,其全球战略也较为独特。首先,全球性大学体系的建设是大学整体办学活动的一部分,各门户校园的战略规划服务于全球性大学的总体战略,是总体战略的一部分。其次,全球性大学的总体战略需要分解到各门户校园的定位、战略目标、执行举措、风险管控措施及保障等层面方可有效执行。

全球性大学各校区的宗旨中有共同的部分,同时也有差异的部分。共同的部分可以理解为全球一体化,而差异的部分则为本地适应调整的体现。

在大学面临激烈的外部竞争时,全球性大学可以协调系统内各个门户校园之间的关系,实现内部资源共享。全球性大学这一系统组织模式,能够获得和储存更多的诸如优秀生源、捐赠和研究资助、良好校誉等教育资源,在运作模式

---

① Setswe G. Private higher education in Africa: The case of Monash South Africa [J]. Africa Education Review, 2013, 10(1): 97 - 110.

② Sila Connection 是纽约大学校内一个学生组织,旨在促进学生与地方的联结,利用本土资源,解决全球性环境问题。

上实现规模发展所带来的效益,从而更好地提供服务。

尽管所在地的教育体制和文化存在差异,但各门户校园既是各自独立的学校,同时也是相互联系、同属一个体系的整体协作网络。母校的支持,如经费筹措来源丰富、文化传承、师资支持会促进分校的建立和良性发展;分校本身作为一所独立大学,文化兼具母校和分校的特色,具有其独特性。

各校区的教职人员和管理者除了日常通过邮件形式发送各类报告以及视频会议沟通往来以外,全球性大学通过组织召开各部门全球校区年度工作研讨会,加强各校区的协同性和联动发展。在共同的设计下,每个校园都参与讨论,规划和聚焦相同部门的中短期工作。

每个校园要做一个演示,或者是收集一些特别的信息。学生会方面,他们每年也会组织一次三个学校之间的学生会的活动和见面,所以我觉得这些方面都是必须要做到的,为了保持联系和品牌的质量。研讨会的名称前面都加上 global(全球)。比如 Global Civil Life Committee(全球公民生活委员会)、Global Students' Council(全球学生自治会)、global academic affairs(全球学术事务),都会把 global 放在前面。我们参与的活动如果是一个全球化的概念的话,每个校园都会参与。①

全球性大学多校区联动发展具体主要表现在以下几点。

1. 多校区联合开展丰富的学生活动

纽约大学在纽约校区、阿布扎比校区和上海纽约大学三个全球校区中共同开展一些具有"品牌"的学生活动。如伙伴活动、纽约大学黑客马拉松大赛、入学第一年对话活动、二年级学生给新生表演教育舞台剧等。这些活动的开展为学生适应纽约大学的文化,适应大学新生活提供了帮助。

阿布扎比校区引进"第一年对话活动",从入学教育开始,之后的六周时间里,每周固定 1 小时午餐时间做一些活动,热身活动时分不同组,主题有大学四年的时间管理等。②

2. 学生的跨校交流丰富了学生社团的多校区联动

上海纽约大学主办的 Sila Connection 会议,是学生在学习交流时受到阿布扎比校区 Sila Connection 的启发而引入上海的。"Sila"在阿拉伯语中意思

---

① 上海纽约大学某学生部门副主任访谈,访谈编号 006。
② 上海纽约大学某学生部门负责人访谈,访谈编号 002。

是"连接",Sila Connection 是阿布扎比校区的学生组织。该活动请参与人员就本地城市某一热点问题提出解决方案,目的是促进学生与本地社区的联系,利用当地资源,加强与当地组织的合作,致力于解决全球性问题。

3. 课程的多校区流动与发展

全球性大学为课程的创新和实验提供了平台。由于部分海外分校是新开设的校区,几乎没有既有观念和学校文化传统的束缚和影响,一些新课程尝试的种子可以很快获得生命力,进而传播到其他校园中去,并在与学生和教师互动中逐渐形成本校区的校园文化,这也是全球性大学各门户校园对于整个全球性大学系统的贡献。然后这个新的课程以后可以被用到其他的校区,甚至回到总部。

三、一座跨文化的桥梁

全球性大学的发展和实践表明,许多国家在掌握西方的教育制度、信息传播方法等文化工具以及吸收西方一流大学成功办学经验的同时,都拒绝对西方的政治体制进行盲目模仿,拒绝成为西方教育的附庸,并且非常不愿意放弃本国文化存在的根基,如宗教意识、个性自觉、人际关系的习惯形式、生活意义等[1]。在上海纽约大学访谈回收的问卷中,对于文化冲击和不适应问题,外籍教职员工和中国籍教职员工有着比较大的区别。外籍教职员工的反馈中都有文化适应这方面的问题。而中国籍的教职员工在文化适应方面基本没有障碍。

一位来自财务部门的中国籍资深管理人员对此描述道:

本着一个敬业、尊重的心态去工作、学习,文化差异相对比较好理解和适应,上海纽约大学的文化讲究效率,沟通直接有效。工作期间未感受到文化适应方面的问题。[2]

来自学生事务部门的中国籍管理者由于其本人筹备校区之前有在学习中心工作的经历,因而对跨文化适应已经有所准备,几乎没有困难。

之前在纽约大学上海中心的工作经历已经给了我比较好的准备和铺垫,加之工作环境中接触的人都是非常开明和有文化包容性的,因此即使偶尔有需要

---

① 蔡宗模. 论高等教育全球化范式[J]. 现代教育管理,2013(8):1-12.
② 上海纽约大学教师访谈问卷,访谈编号 015。

适应的,也比较容易,不会有什么困难。[①]

师生群体的多样性,尤其是文化身份的多样性,将全球性大学内的群体自然划分为界限分明的不同群体,这是群体间紧张感和冲突形成的原因之一。不同群体间要达成和谐,需要增加交往合作的机会与条件。首先,强调给予不同群体成员以平等的地位;其次,通过交往合作,增加凝聚力,从而增进各群体间的好感,形成群体一致性和共性的认知;再次,鼓励对于双重文化身份和多文化身份的认可,这有益于少数群体的社会和心理适应,提升个体的舒适感和群体幸福指数;最后,增进对少数群体的了解,逐渐改善边缘化问题。

第二节　全球性大学的问题与挑战

一、需要取得本地制度合法性地位

全球性大学本地的发展,由于政策的对应问题,往往会遇到体制内合法性地位的危机。

现在上海纽约大学的管理当中碰到的主要问题,一个从外部来讲,上海纽约大学因为是一所探索型的学校,所以我们的很多做法,包括设定这所学校的性质、定位,在现有的政府文件里边都很难找到相关信息,如果你想搞改革搞探索,那么上海纽约大学是一个很好的平台,如果你没有这种理念,那么就容易给这个学校设置障碍,这是一个困难……[②]

二、需要破除既有的认知观念障碍

认知观念障碍包括外界对合作办学和海外分校办学目的的营利性和办学质量不高的固有认识,全球性大学与教育产业、以营利为目的的海外分校的观念认知的差别。我们需要破除这些已经在社会民众心目中固化的观念。全球性大学要确保整体质量,必须以人为中心,以学生的培养为中心,不能一味追求招生规模,而要遴选合适的优秀学生,吸引全球高水平师资,注重课程与教学

---

① 上海纽约大学某学生部门负责人访谈,访谈编号 002。
② 上海纽约大学校领导访谈,访谈编号 005。

质量。

从《纲要》①发布以后，上海纽约大学是第一所，不仅是第一所中美合作的，也是第一所中外合作的大学，甚至于是第一个中外合作的项目，因为这类项目前面都没批准过，我们完全是第一个。但是在这之前，我们已经有一些中外合作项目和办学，实际上这些学校在一般的公众心目当中并不是最好的大学，原因各种各样。在老百姓的心目当中，中外合作大学是那些考不上好大学的学生，愿意多出钱去读的学校。所以如何去扭转社会的这种偏见，让大家认识到上海纽约大学是最好的选择之一，它提供的选择，不仅是选择一所大学的质量，也是选择一种不同的人生道路和不同的学习模式。曾有人说："你们别眼睛里只看着北大清华，我们还有比北大清华好的呢，就是上海纽约大学。"你一定要有这样的认识，我们的教育能够给学生提供更加多元化的模式，学生才会有更多的选择机会，所以并不是说北京大学清华大学比上海纽约大学好，或者上海纽约大学比北京大学清华大学好，只是我们是不同类型的大学，但是它们都给学生最好的教育资源，给学生做选择。从外部角度来讲的一个困难，就是说怎么去转变学生和家长对中外合作办学大学固有的一些认识。这是一个外部存在的挑战和问题。②

与合作方的沟通交流也很重要，尤其是办学主导权的问题，需要形成统一的认知，破除认知观念的差异和障碍。对于全球性大学海外分校的认识，需要顾及其双重身份。它既是全球性大学系统中的一部分，同时又是本地一所独立的大学。这需要合作双方达成共同认识，破解实际运作中的身份难题。

那么从学校内部管理当中的一些问题来看，就是你要知道这是两种不同的文化，两种不同的教育体制，甚至两个不同制度的国家的教育的一个合作，所以它一定会在一些制度、观念上面，或者理解上面，产生冲突。这是内部遇到的挑战和问题。我相信这是必然会遇到的，那么现在就是怎么通过中国的智慧去解决这些问题。对于上海纽约大学，我们要回到本源，就是"我们为什么要举办中外合作办学的大学？"实际上，中外合作办学条约里面已经很明确地指出，就是想通过中外合作办学引进国外优质教育资源来推动我们自身的改革……我们后来提出了所谓双重身份……既是一所中外合作大学，又是纽约大学全球教育

---

① 《国家中长期教育改革与发展规划纲要（2010—2020 年）》，简称《纲要》。
② 上海纽约大学校领导访谈，访谈编号 005。

体系中的一部分。①

面对认知的障碍,在实际学校管理中,需要具体问题具体分析和解决。破除外部的认知障碍,首先可以通过多渠道积极宣传,努力践行大学的定位和使命,以实践证明品牌的价值。其次需要多争取各方支持,包括政府的支持,合作院校的支持等。

需要政府的支持,各级领导的支持,这个是很重要的。因为创新的尝试,具体操作过程中有时会无章可依。如果他们都不支持,很多事情就办不了。浦东新区政府也很重视,他们很清楚上海纽约大学在浦东的意义。②

三、需要促进多方位的跨文化融合

1. 学生与教师之间的跨文化理解与融合

学生与教师的文化和认知背景不同,教师的教学理念和方式与学生的学习方式和习惯的不同,会造成师生之间的误解。此外,教师对学生的期待和学生的预期不同,有时会导致双方互相不太理解。

纽约大学阿布扎比分校的教授在课堂上让学生挑战他,问他问题,但是一名中国学生告诉他,那是他最后才会去做的事情。③

2. 学生之间的跨文化理解与融合

由于文化背景不同,一些生活习惯上的差异也会需要学生之间增进跨文化的理解,学校需要促进不同群体之间学生的理解融合。

大多数美国学生喜欢去泡吧,而这在中国学生中并不常见。④

对空调温度、睡觉时间等问题的不同认知,也是学生之间文化冲突的常见形态⑤。

3. 管理者之间的跨文化理解与融合

全球性大学建设海外分校时,在本地管理人员与母国外派管理人员之间具有不同程度的文化冲突,尤其是针对本地适应方面,往往因信息的不对称,而造成双方认识的差异。需要多进行跨文化方面的沟通,加强融合与合作。

---

① 上海纽约大学学生访谈问卷,访谈编号 005。
② 上海纽约大学校领导访谈,访谈编号 005。
③ 上海纽约大学学生访谈问卷,访谈编号 012。
④ 上海纽约大学学生访谈问卷,访谈编号 012。
⑤ 上海纽约大学学生访谈问卷,访谈编号 011.

四、需要构建明晰的法人治理地位

全球性大学的各门户校园,是一所独立的大学和一个独立的法人实体。独立法人需要保持独立性。有时保持独立性与全球性大学系统内的一致性会存在冲突和矛盾。保持大学的独立法人地位,维护法人的合法权益是双方合作的前提,也是问题解决的依循。当冲突和矛盾发生时,需要以法人的独立性为原则,通过沟通、妥协、合作,达成理解,并共同维护法人的合法权益。

上海纽约大学探索的意义就是怎么才能够真正地把优质的教育资源引入中国来,我觉得这是我们在做的事情。但是在这个过程当中,肯定会碰到一些问题。举个例子,我们上海纽约大学上次要建数据库,是和纽约大学一块儿,上海纽约大学和阿布扎比分校,都是用的这个系统,但我们是签了三份合同,付了三笔钱。那么纽约大学认为这个不合算,所以要把我们三个都并到一个系统里面来,主要是人事和财务。因为我们是中国一所独立的大学,如果一所独立的大学自己的数据库都没有,而全部是依托在美国纽约大学系统之内,这个事情要征得本地教育管理部门的同意。国家在这方面的规则不是很明确,也拿不出来相关文件,最后就提了一个建议。我说我们造一个房子,不是它有云嘛,这一朵云它是纽约大学全球教育体系,但是上海纽约大学在这个云里面有自己独立的一间房间,这个房间的钥匙由上海纽约大学来掌管,当然纽约大学可以来看,也可以把数据库提用到他们的系统,因为这个不是保密数据。但是要跟上海纽约大学这边的 IT 要,IT 是要看的。我们要有权利去修改这里边的内容。那么这样的话呢,我们既保留保持了我们的独立性,有了自己独立的数据库,但是又和他们融合在一起,只要付一笔钱就可以,等于是用一个账户。所以这是一个例子,实际上像这种例子在我们沟通过程当中还有很多。

还有就是我们的成绩单,纽约大学把我们所有学生的成绩单都打在了后台,因为它要授予学位,所以一定要有一个成绩单。但是因为对学生的成绩管得很严,不可以修改,怕作弊。问题是我们现在不能修改的话,中文的成绩单就打不出来,没有中文字段,那我们这里就重新要把数据输一遍,这里边就有一个问题。这是一所双重身份的大学,中国的大学没有中文的成绩单怎么可能,没有中文字段,表现形式也不一样,如果需要我们重新打一份中文的成绩单,那我们把人力资源投上去也得做。我们首先是一所中国的大学,大学的双重身份给学生带来了很多利益,两方面的资源都可以用。像外国学生在中国可以就业,因为我们是一所中国大学,我们中国大学拿学位的本科生都可以在自贸区就业。但是也会有很多矛盾,稍微往哪边偏一偏没有顾及另一重身份,那就会产生很多的问题。①

全球性大学通过人才培养体现社会责任。大学的责任应更多关注人的发展,通过人的发展来体现大学的社会责任,也即以学生为中心。

培养什么样的人,将来就为社会做什么样的贡献,这就是大学的责任。我觉得我们上海纽约大学还是能够很好地体现这一点的。②

全球性大学的建设,对于我国高等教育对外开放"走出去"具有重要意义。然而,在全球性大学的建设过程中,一定会存在困难。我们需要认识到目前存在的缺陷和不足,并不断修正,方可使国内的全球性大学门户校园发挥更好的作用。

---

① 上海纽约大学校领导访谈,访谈编号 005。
② 上海纽约大学校领导访谈,访谈编号 005。

第七章

全球性大学视角下我国高等教育的对外开放

《国家中长期教育改革和发展规划纲要（2010—2020 年）》以及《关于做好新时期教育对外开放工作的若干意见》等相关文件都明确提出，中国要推进扩大教育开放。在扩大教育开放的过程中，我们要加强国际交流与合作，开展多层次、宽领域的教育交流与合作，坚持以开放的心态学习和借鉴国外优秀办学经验，以帮助促进我国高等教育的良性发展，提高我国教育国际化水平，从而提升我国教育的国际地位、影响力和竞争力。

第一节　我国高等教育对外开放的现状

自 2011 年《国家中长期教育改革和发展规划纲要（2010—2020 年）》颁布以来，我国高等教育领域积极坚持"教育对外开放"，在中外合作办学方面取得了长足进步，形成了中外合作办学项目、中外合作办学二级机构（非独立法人）和中外合作大学（独立法人的办学机构）三级形态的中外合作办学的完整体系，为我国高等教育领域引进海外优质教育资源，提升我国高等教育质量和培养具有更广阔国际视野的人才作出了积极贡献。在《纲要》颁布前，国内的合作大学仅有宁波诺丁汉大学、西交利物浦大学和北京师范大学-香港浸会大学联合国际学院三所;在《纲要》颁布后,由上海纽约大学、昆山杜克大学、温州凯恩大学、香港中文大学(深圳)、广东以色列理工大学和深圳北理莫斯科大学等组成的大学群迅速形成。

本书所探讨的全球性大学,在我国高等教育领域内具有双重身份。如上海纽约大学,既是纽约大学全球教育体系中的一部分,又是我国一所独立法人的中外合作大学,即三级形态的中外合作办学中的具有独立法人办学机构的中外合作大学。本章所讨论的中外合作大学的启示意义和今后的发展走向,仅限于具有独立法人办学机构的中外合作大学,未涉及中外合作办学项目和非独立法人的中外合作办学二级机构。

全球性大学的发展适应国家经济社会对外开放的要求,有利于培养具有国际视野、通晓国际规则、能够参与国际事务和国际竞争的国际化人才。引入国外知名大学进行合作办学,或者到海外拓展办学,是否会加快中国建设一流大学的进程,成为世人瞩目的话题。全球性大学的发展模式和创新,对于正在探索中的中国高等教育改革和对外开放,尤其是探索中外合作大学的举办以及境外办学,或许可以提供一些启示意义。

一、中外合作大学的启示

我国为了提升整体综合国力,开放国内高等教育市场,引入国外优质高等教育,同时受到当地政府发展教育和人才吸引的需求驱动以及大学本身提升办学条件和影响力的内在驱动,本土大学与境外大学共同合作,在境内创办中外合作大学,是一项高教领域的探索。

中外合作办学是指外国教育机构同中国教育机构在中国境内合作举办以中国公民为主要招生对象的教育机构①。中外合作大学是指合作开办的高等教育机构,从事本科生及以上学生教育和教学活动。开办中外合作大学,是为了引进国外优质教育资源、推动我国大学建设而开设的一种创新模式。

引进国外优质资源,推动我国大学自身的改革,有两个层面的深远含义。首先是中外合作大学的设立,丰富了我国高等教育的办学形式,为学生提供了接触优质教育资源的机会,同时有助于培养具有国际视野的人才,为本地和国

---

① 国务院.中华人民共和国中外合作办学条例[EB/OL].(2003 - 09 - 01)[2016 - 10 - 20]. http://www.crs.jsj.edu.cn/index.php/default/news/index/2.

家发展输送人力资源。其次,国内高校通过中外合作大学的设立,与国外高校互相学习,一方面借鉴国外先进的课程和教育理念,积累优秀的办学经验,为我国高等教育整体质量的提升提供了可资借鉴的经验,探索了发展路径;另一方面,通过合作加强了教育对外交流,促进了国际理解。

那么你怎么引进国外的优秀教育资源,你只是挂它一个名字,用它的学位,或者更简单的一点就是用它的几门课程吗? 我觉得这都是低层次的,而真正高层次的中外合作办学是要接受一些更符合时代发展的教育理念。所以为什么当时我们提出了所谓双重身份,就是一方面我们不能够变的就是,上海纽约大学它是一所中外合作办学的大学,是教育部正式批准的,它的身份就是一所中国的大学,跟美方说得非常清楚。但是我们也认同,在纽约大学心目当中,上海纽约大学就是纽约大学全球体系的一个组成部分,只有这样,纽约大学才能够把它的资源全部给上海纽约大学使用。所以到目前,对上海纽约大学来讲,我们现在除了纽约大学的钱不能要,大家亲兄弟明算账,所有的资源,包括它的教师、图书馆资源、网络资源、课程资源,我们都可以用。我们的学生可以在纽约大学全球 14 个学习点流动,无缝对接。而且上海纽约大学所有的课程都在纽约大学的课程体系当中,编号都是一样的,这就实现了教育资源上面的无缝对接。而且上海纽约大学自己发展出来的课程,比如我们关于中国的许多课程也进入了纽约大学的课程体系里边。那么,纽约大学的学生,纽约的和阿布扎比校区的学生也可以到上海纽约大学来学习。这样的话,就是我们真正实现了把它的优质教育资源拿到中国来,引入中国来,我觉得这是一种中国的智慧。①

对于上海纽约大学这样一所中外合作大学而言,纽约大学就是我们所要吸引的国外优质教育机构,其先进的教学理念和课程,即我们所要吸引的国外优质教育资源。对于纽约大学而言,上海纽约大学是其所创办的全球性大学中的一所门户校园。因而,对于全球性大学的研究,有利于我们对中外合作办学的探索,对于促进我国高等教育提升教学质量,培养一流教师,提升学生管理水平等,具有十分重要的借鉴意义。

首先,开办中外合作大学,有利于学生培养方式的创新。国外大学的教育理念,尤其是对于人才培养方式的创新,即培养富有批判精神和独立人格的学

---

① 上海纽约大学校领导访谈,访谈编号 005。

生,对于我国高等教育的人才培养而言是一种办学理念的冲击。我国大学可以从学生发展、大学管理、课程设置等过程中借鉴其人才培养的理念。

其次,开办中外合作大学,有利于管理型教师的交流和成长。上海纽约大学筹建之时和正式办学后,华东师范大学派遣行政管理人员前往挂职交流。由于规模较小,部分上海纽约大学的管理教师因各种原因短期离岗时,可以从华东师范大学这所合作院校中借调管理教师短期顶岗。上海纽约大学的中层管理人员也有部分是从华东师范大学调入的,这对于推进上海纽约大学在中国教育体制内获得上级管理部门的良好对接、快速熟悉和适应中国国情和本地政府的相关政策,具有积极意义。教师的流动,有利于双方学校管理经验的借鉴和流动,对于提升学校的管理有所帮助。

再次,开办中外合作大学,有利于青年教学科研型教师的培养。上海纽约大学和华东师范大学在双方校长的共识和共同推进下,两校合作之初即推出青年教师观摩实录课堂的教师培训项目。此外,华东师范大学还邀请上海纽约大学的教授作课堂教学经验分享报告,教授们通过对某课程的教学模式、教学理念与方法、课堂教学管理、作业设计与原理、教学评估方式等的全方位解读,分享国外大学本科教学的特色和经验。这对于我国大学青年教师全球观的培育、教学科研方法创新、全球的对话和交流等具有积极意义。

最后,开办中外合作大学,有利于国内大学研究水平的提升及与国际接轨。华东师范大学与纽约大学共同成立了联合研究中心,而上海纽约大学成为两所母体大学联合研究中心的连接点。这一方面有利于全球性大学海外校区科研型教师的发展,另一方面也有利于合作大学教师开展国际对话、拓宽研究视野、提升研究水平。

二、中外合作大学的走向

《中外合作办学条例》对于我国中外合作大学未来的发展,如伙伴的选择、管理等提供了新的思路,具体表现为以下几点。

第一,是合作伙伴的选择。全球性大学的发展观,对于中国开办中外合作大学,遴选大学合作伙伴具有借鉴和甄别意义。全球性大学本身的定位和战略发展以及其对开设海外分支校园的动机,对于遴选我们需要引进的教育资源和合作伙伴,具有重要意义。

第二,是分层分类管理。全球性大学在全球一体化标准维度和本地适应维度之间寻求平衡。用全球性大学的发展观来看,中外合作大学也可以尝试特色化发展,并进行分层分类管理。如更侧重于面向本地,培养适应本地发展,服务本地社区的学生;或者更侧重于全球维度,培养全球通用的人才。这两者的定位不同,合作大学的走向也将不同。目前我国的中外合作大学发展不尽相同,对于大学的定位也有差异。因此,为了更好地探索这一合作方式,丰富我国高等教育提供形式和类型,服务和满足不同需求,中外合作大学应该开展分层分类管理。

第三,是考虑地区差异,兼顾公平,引导全球性大学向中西部发展。考虑地区差异,中外合作办学可以通过审批和政策引导,鼓励中西部省市政府提供土地等资源支持开办全球性大学的分支校园,提升本地经济和人才集聚能力,助力城市发展。全球性大学的分支校园使入学机会增加,同时也可能导致教育不公平扩大。这是一对现实的矛盾。全球性大学海外校园之所以能保持良好运作和维持高品质学术质量,大多是因为本地政府在诸多方面为其提供了支持。相对而言,具备财力支持条件的经济发达地区更易吸引优质高等教育资源,而经济和文化落后地区的青年获得这种教育的机会就少。正如有些批评者认为的那样,大学开办海外分校是向出价高者"出售"他们的教育和品牌,更希望在那些能承担建设运营成本的城市或地区开设校区①。中外合作大学的开办,需要兼顾教育公平问题,解决好质量与公平的矛盾。

第二节 构建中国高校主导的全球性大学

随着全球化的不断推进,我国"211""985"等几轮重点项目的实施、人才引进与交流以及"双一流"等创建世界一流大学的活动开展,中国大学的总体实力获得了显著提升。随着我国大学实力的逐步提升和战略的多样化发展,一些大学也开始尝试发展由中国高校主导的全球性大学,如老挝苏州大学、厦门大学马来西亚分校等的建立。尽管这一理念还未被这些先驱大学明确提出,或尚未被大学意识到,但这丝毫不影响这些大学成为中国高等教育对外开放历史中的

---

① Wilkins S. Who benefits from foreign universities in the Arab Gulf States? [J]. Australian Universities' Review, 2011, 53(1):73-83.

先驱。

一、中国大学境外办学的现实性分析

根据我国大学"走出去"的尝试,目前这些先驱大学建设的海外门户校园各有不同的发展模式。在招收学生的群体、课程设置、服务区域、办校的目的等方面的发展战略和路径存在差异。

(一)老挝苏州大学——孔子学院的"升级"

2011 年 7 月,在老挝和中国两国政府的批准及支持下,由苏州大学控股在老挝注册的独立法人高校——老挝苏州大学正式成立。这是一所中国独资的普通全日制高等学历教育机构,是中国教育部批准的第一所境外大学,也是老挝政府批准的第一所外资大学。

1. 招生

老挝苏州大学主要采用国际学生的招生策略,改变传统国际学生到求学国就学的招生模式,而是将国际学生的招生从求学国扩展至学生生源所在国,采用东道国本地招生的模式招收国际学生。老挝苏州大学主要面向老挝全国及中南半岛区域招收学生,在老挝苏州大学就读的学生既是该校的学生,同时也是中国苏州大学的国际学生。

2. 课程设置和培养机制

老挝苏州大学依托母校所在国的语言开展外语教育,结合母校优势专业以及东道国本地需求,开设相关专业,授课语言以母校所在国语言为主。老挝苏州大学自 2012 年正式招收学生开始,目前开设国际经济与贸易、国际金融、计算机科学与技术、中文四个本科专业。授课语言除了老挝规定的通识课程采用老挝语外,其他基础课程及专业课程授课皆以中文教学为主。老挝苏州大学实行老挝和中国"2+2""1+3"等联合培养模式,采用与中国苏州大学合作办学、学分互认形式,联合培养国际化高级专业人才。学生先在老挝进行 1~2 年的通识教育和汉语学习,然后到中国苏州大学进行后续汉语强化和专业学习。学生毕业后可颁发老挝苏州大学和苏州大学两国两校的文凭。

3. 服务区域

老挝苏州大学立足东道国人才的培养,服务母校所在国在东道国本地的经济、商贸、文化往来。老挝苏州大学的办学,立足老挝,顺应老挝经济社会发展和对人才培养的需求,为老挝经济社会发展服务。随着中国与老挝的经济合作往来日益频繁,中资企业参与和涵盖了老挝基础设施的建设、金融服务、商贸等行业领域。老挝苏州大学毕业生由于精通中文且受过国际经济和贸易等专业教育,在老挝当地的就业形势相当不错,受到诸如中国银行万象分行等多家中资企业的欢迎,薪资也较本地其他高校的毕业生要高①。

4. 办校缘起和目的

老挝苏州大学的开办旨在推动国际合作,培养了解中国文化的东道国人才,促进东道国与中国的紧密联系,在发展东道国与中国的商贸、文化往来中发挥重要的纽带作用。2007 年中、老两国达成协议,合作共建一个综合开发区(即万象园区),帮助当地招商引资,该协议的具体任务落实交给了苏州工业园区。根据苏州工业园区的建设经验,万象园区规划需要有大学入驻,当时苏州工业园区向老挝推荐了苏州大学。老挝政府在对苏州大学进行专门考察后,正式邀请苏州大学去老挝办学②。

5. 发展现状

老挝苏州大学于 2015 年开始建设新校园,至 2016 年 8 月,新校园建设项目已完成 70%。2016 年 7 月,首批 22 名国际经济与贸易专业的本科生已经顺利毕业,拿到了老挝苏州大学和苏州大学的双文凭证书。老挝苏州大学近十年的发展规划是发展成一所在校生规模 5 000 余名,具有本科生、研究生学历教育,拥有汉语言培训及其他技能培训体系,设有与老挝经济、社会发展相适应的专业,建有临床医院,具有学科、区域和国际化特色,在老挝国内及东南亚处于领先水平的综合性一流大学③。

老挝苏州大学采用的发展模式是通过中文语言学习的优势,扩大招收外国留学生。该校授课以中文为主。招生由国内延伸到国外,以服务当地,招收当地学生为主,可以说是孔子学院的"升级版",即中文语言学习外加有限的专业学习。在这种模式中,学生的流动呈现单向发展趋势,即海外校区向母校的单一流动。受益的学生群体主要是留学生,即老挝校区的本地学生。海外校区的

① 袁艺,华乐. 老挝苏州大学送别首批本科毕业生 会中文很抢手[EB/OL]. (2016 - 07 - 19)[2017 - 02 - 13]http://www.chinaqw.com/hwjy/2016/07-19/95794.shtml.

② 苏雁,王阳. 老挝苏州大学:中国教育"走出去"的先行军[EB/OL]. (2016 - 09 - 28) [2017 - 02 - 15]. http://news.gmw.cn/2016-09/28/content_22193219.htm.

③ 选编自老挝苏州大学官网(http://laowo.suda.edu.cn)介绍。

开设对于苏州大学本部的学生没有太多互动和影响。海外校园内学生的多样性和融合有限。

(二) 厦门大学马来西亚分校——国内校园的国际延伸

2013 年 10 月 4 日,在中国国家主席习近平和时任马来西亚首相纳吉布的共同见证下,中国国家开发银行、马来西亚新阳光集团、厦门大学签订了中国国家开发银行全面支持厦门大学马来西亚分校建设协议。2014 年 7 月 3 日,厦门大学马来西亚分校动工典礼启动。厦门大学马来西亚分校占地 150 英亩(约 607 028 平方米),规划总建筑面积 47 万平方米,规划总投资 13 亿马来西亚林吉特(即令吉)[①]。第一期工程建筑面积 26 万平方米,共 13 栋大楼,投资约 8 亿令吉,于 2014 年 10 月 17 日正式开工建设[②]。2015 年 12 月 3 日,厦门大学马来西亚分校开始招生,接受学生和家长的咨询和报名。2016 年 2 月,厦门大学马来西亚分校首批新生正式就学。厦门大学马来西亚分校是第一所中国名校全资设立、具有独立校园的海外分校。该校也是一所在马来西亚注册的私立大学,按照私立大学方式进行管理[③]。

1. 招生

厦门大学马来西亚分校招生采用双轨制,一方面招收中国学生,另一方面招收包含东道国在内的国际学生。厦门大学马来西亚分校每年可以面向我国 14 个省市招收 500 名中国学生,同时面向马来西亚本地以及周边其他国家和地区,主要是东盟各国招收学生。厦门大学马来西亚分校的招生采用三分政策,即马来西亚本地生源、中国国内生源以及其他国家和地区生源各占三分之一,以营造多元的校园文化。

2. 课程设置和培养机制

厦门大学马来西亚分校开设中文以及东道国较受欢迎的专业课程。目前厦门大学马来西亚分校招收的专业有 12 个:汉语言文学、新闻学、会计学、金融学、国际商务、计算机科学与技术、软件工程、数字媒体技术、化学工程与工艺、海洋技术、新能源科学与工程、中医学。除了汉语言文学和中医学,其他专业均

---

① 林吉特,马来西亚货币单位,1 令吉≈1.5 元。

② 厦门大学马来西亚分校办公室.厦门大学马来西亚分校正式开学[EB/OL].(2016 - 02 - 22)[2017 - 02 - 15].http://news.xmu.edu.cn/9f/66/c1550a171878/page.htm.

③ 选编自厦门大学马来西亚分校官网 http://www.xmu.edu.my.

为英文教学。学校的学制遵守当地规定,因此,汉语言文学、新闻学、会计学、金融学、国际商务五个专业学制为三年,中医学为五年,其余为四年。除了中医学最后一年要回厦门医院实习,其余专业全部在马来西亚完成学习计划。马来西亚分校的教师除了至少30%来自厦门大学的高水平教授之外,还有来自马来西亚当地及从全球招聘的优秀教师,至少有80%的教职员工拥有博士学位。厦门大学马来西亚分校的毕业生将获颁厦门大学学位,受马来西亚政府和中国政府的双重认证,毕业生将拥有在两国就业或升学的机会。招收的中国学生毕业不计入留学人员。

3. 服务区域

厦门大学马来西亚分校更多服务马来西亚裔学生以及其母校所在省市的学生。从厦门大学马来西亚分校面向中国国内学生的招生计划可以看出,在国内500名本科生招生计划中,福建省计划招生人数高达170名。厦门大学马来西亚海外分校的开设,同样立足服务福建省的学生,扩大本地学生的大学招生录取率。全英文授课形式、国际办学环境、相对低廉的费用,是吸引中国学生的卖点。同时马来西亚本地的华人学生也是学校招募和服务的主要对象,这与厦门大学与马来西亚的历史渊源有重要关系。

4. 办校目的和缘起

20世纪50年代,厦门大学设立了中国高校第一个海外函授部,为海外华侨华人提供远程教育,培养了许多马来西亚华裔大学生;2003年初,厦门大学与马来西亚最高学府马来亚大学结成姐妹校,厦门大学设立了专门的马来西亚研究所,马来亚大学也设立了专门的中国研究所。在这些进程中,厦门大学奠定了前期与之合作的基础,建立了大学在马来西亚地区的声誉,赢得了当地政府和民众的信任,为迈出国门去马来西亚开设分校提供了可能。2013年1月21日,马来西亚政府正式邀请厦门大学到马来西亚创办分校。厦门大学马来西亚分校秉承陈嘉庚先生崇尚教育、无私奉献的精神,坚持教育的全球公共性属性,以学术繁荣和人才培养为设立目的。厦门大学马来西亚分校的愿景是努力成为一所教学与科研一流、融合多元文化的全球性大学分校,使命是竭诚培养有尊严、有智慧的青年才俊,使他们成为良好的区域公民,为马来西亚、中国与东南亚各国人民的福祉和社会进步作出贡献[1]。

---

① 选编自厦门大学马来西亚分校官网介绍。

5. 发展现状

厦门大学马来西亚分校的建设获得了中马两国政府、人民的热情支持和两国社会各界人士的关注和捐助,这都有力地鼓舞和推动了该校建设。马来西亚籍华人郭鹤年先生慷慨地提供了折合 2 亿元人民币捐款,用作厦门大学马来西亚分校主体建筑——图书馆的建设;中国园林集团有限公司董事长尤宇瀚先生捐赠 5 000 万元人民币用于校园的主要建筑群 4 号楼的建设;IOI 集团执行主席丹斯里、李心诚对校园的主要建筑群 1 号楼建设贡献 3 000 万元人民币。到2022 年,预计该校的学生规模将达 5 000 人,最终学生规模达 10 000 人。①

6. 特色

厦门大学马来西亚分校开设的专业比较丰富,不仅有海外分校通常开设的经济类专业,还有当地急需的优势专业,如海洋技术专业。该专业对于投入的要求较大,办学目的体现了非营利性和公益性,突破了人们对于海外分校的开办仅仅为了提升母校财务收入的认识。厦门大学马来西亚分校具有自己完全产权的海外办学校园,资产明晰。办学定位和服务的群体与厦门大学的历史与特色密切相关,具有独特性。由于分校既面向国内学生招生,同时也面向马来西亚及周边国家招生,学生群体相对多元化。此外,学制灵活也是厦门大学马来西亚分校的一个特色,由于马来西亚教育体制内既有马来西亚本土的学校,也有国际学校,还有华人学校,这些学校系统的毕业时间有所差别,然而厦门大学马来西亚分校对于这些学校的学生采取兼容并蓄的态度,为了吸引更多的学生,对接各类学生的实际学制,入学采用一年多次入学,机制相对较为灵活。

(三) 中国大学境外办学面临的主要问题

中国的大学"走出去"境外办学,是高等教育对外开放形势下的一种尝试。新生事物在发展过程中一定会出现诸多新的问题。经比较发现,目前我国大学在跨境办学或者主导的全球性大学的建设中,尚存在以下有待厘清的关键问题。

1. 缺乏持续稳定的资金投入机制和清晰的财务规划

我国大学主导开办全球性大学,开设大学海外校区,首先需要考虑的问题是办学经费和校区持续运营的费用来源。前期校舍等硬件的建设,后续全球性大学对于高水平人才的需求,先进实验仪器设施设备的投入、维护与更新等,都

---

① 选编自厦门大学马来西亚分校官网介绍。

需要长期稳定的资金支持。现有的海外分校的开办和运营支出,主要有三类承担方式:学校通过基金会筹集、东道国政府出资或补贴、联合东道国的企业或者合作大学共同出资。

建立健康、多元、稳定、可持续的财务机制,是确保一所全球性大学成功的重要保障。海外分校的可持续发展和财务管理是发展中的一大问题,也是避免办学危机和风险的最重要因素。开办全球性大学首先需要建立稳定持续发展的财务机制。学校的运作资金对于学费收入的过分依赖,将会制约大学办学质量的提高。为了增加学费收入而扩大招生规模,在没有相应增加师资和设备的情况下,将会造成学生教育体验的下降,并导致学生培养质量的下降,从而引发风险。为此,全球性大学在运行中需要提升管理水平,增强财务的可持续性。

首先,大学在收支政策方面采取改革财务管理、计划、资源配置体系等主要措施,确保预算和支出控制平衡合理,加强学校行政部门和院系内部的财务管理,为预算负责人定期提供准确、清晰的财务管理数据,建立财务责任的承担意识和文化。其次,大学在收入管理方面采取多种措施,包括拓展收入来源,改变收入来源的单一化结构,提高职业继续教育、知识转移、慈善募捐和商业服务的收入贡献。最后,大学在支出管理方面也要采取相应的措施,包括采取合理的财务管理方法和经营政策、为学校的重要投资决策提供有力依据、发展合理的服务型教学的收入分配体系[①]。

2. 缺乏明确的发展模式和路径

发展模式和路径主要还是与大学的定位相关。我国大学在开办海外分校时,需要明确分校建设的意义和目的,需要明确海外分校的具体运作、海外分校对国外学生的真实吸引力以及海外分校对母校办学的推进作用。我国大学开设的海外分校需要明确发展模式和路径。

纽约大学、诺丁汉大学以及蒙纳士大学是三所全球性大学的典型。然而同被认为是全球性大学的这三所一流大学,其发展战略的侧重点又有所不同。纽约大学的战略重点是促进学生在各校园之间的流动,提高学生的全球流动性,从而增强和提升学生的国际化能力,同时使各校办学质量趋于一致。诺丁汉大

---

① 宁波诺丁汉大学. 2020 战略:资产管理和可持续发展[EB/OL]. (2017 - 01 - 26)[2017 - 10 - 10]. http://www.nottingham.edu.cn/cn/about/strategy-2020/strategy-development/assets-management-and-sustainability.aspx.

学的战略重点是加强全球活动参与的广度和深度,发展大学与一些国家和地区的战略伙伴关系,学生来源主要是本地或周边地区,校区更侧重本地化发展,较少强调学生在校区之间的流动性。蒙纳士大学的战略重点是将大学的核心竞争力扩散和覆盖到更广的地理区域,将世界作为课堂,分校的学科专业一般是优势学科专业和本地急需的学科。然而,我们的大学将要采取何种发展模式和战略规划? 是以促进学生流动为目的,还是致力于发展与区域的紧密关系,或者提升大学的核心竞争力? 这是需要加以明确和考虑的问题。

3. 缺乏能有效适应全球性大学要求的师资队伍建设机制

目前中国大学建立的海外校区,课程和师资方面大多仍采用母校的资源。具有中国特点的高等教育,在文化环境变化的跨国维度中,需要在教学目标设置、教学结构和实施等方面进一步创新,激发教学体制的活力。由于教学对象的不同,学习方式和文化背景也更为多元,大学海外分校的课程模式需要进行变革,不可能仅将原有母校课程以英语授课的形式平移输出,而是要大胆尝试和创新课程,以培养具有全球视野和跨文化能力的全球公民。目前中国大学在全球师资建设机制方面,仍有待形成良好的培育机制。

4. 缺乏清晰完整的质量控制和风险控制体系

全球性大学开办海外门户校园,一般会选择对于高等教育资源有高需求的国家或地区。一般这些地区都是该区域高等教育的中心。因而全球性大学的门户校园会面临来自该地区同类型大学的竞争和压力。在区域高等教育中心的市场,全球性大学会面临更为直接的全球竞争。如厦门大学马来西亚分校在马来西亚需要面临诺丁汉大学、南安普敦大学、蒙纳士大学等众多一流大学早先一步在马来西亚开设的分校的竞争,这些分校都是面向全球进行招生。厦门大学马来西亚分校对于国际学生的招收,可能会因为面临着来自国际知名大学的强有力的竞争,而需要进行校区优势的明确定位和受教育人群的细分。

5. 缺乏校区间协同发展的互动

海外分校的建设,对于母校来说的一个有利因素便是增加学生多元文化接触和融入的机会。校区内学生的单向流动不利于海外分校发挥文化优势最大化效能。全球性大学旨在培养具有全球视野的学生,鼓励提升学生的跨文化沟通能力。中国特色的全球性大学的建设,需要考虑全球范围内校区之间的协同发展问题以及各门户校园学生的共同利益。

二、建设中国特色的全球性大学的建议

此前中国一直是教育全球化的接受者,美国、欧洲国家的大学纷纷在中国合作举办门户校园。如今,中国的大学也正在进行走出国门进行海外办学的尝试。我国大学正在进行的这些探索和实验,正是全球性大学形成的铺垫和可能。针对以上我国大学在全球性大学建设的过程中出现的缺陷和不足,需要综合考虑政治、经济、文化等因素,并从国家教育政策和发展战略、本地竞争变化等角度考虑校区建设的不确定因素。从纽约大学、诺丁汉大学和蒙纳士大学等全球性大学已有的经验来看,我国大学在"走出去"时,要注意发挥大学的品牌优势,同时考虑外部市场的风险和投入、东道国的文化差异与政治和政策的稳定性、门户校园的重要性与战略地位以及采用的合作办学方式等。在建设中国特色的全球性大学方面,本书主要有以下建议。

(一)制定清晰的目标以及长期的战略规划

在中国尝试建立全球性大学的假设条件下,我国大学需要借鉴其他全球性大学的现有发展模式和经验。

首先,我国大学需要认真审视大学自身的发展目标,包括短期目标和长期规划。在全球校区布局、选址等方面,既要考虑学校既有的学术和品牌优势,又要考虑分支校园所在地的本土环境和政策等,这包括国家层面的政策和地方层面的发展需求和目标。随着国家"一带一路"倡议的提出,中国大学的境外拓展可以借此更好地将教育融入区域建设中。如泰国、巴基斯坦、俄罗斯、印度尼西亚、越南、老挝、蒙古国、马来西亚等国家,已经有比较好的认可中国大学办学的社会氛围和学习需求。不同于西方发达国家建设海外校区的经验,中国特色的全球性大学海外校区在地点选择方面可以更多结合国家战略,依托国家的经济、政治、文化优势,获取东道国政府和民众的认可,谋得发展。

这些年,我国留学生总数逐年上升(见图7-1),其中接受学历教育的外国留学生的比例也在不断提高(见图7-2)。2016年接受学历教育的外国留学生总计209 966人,占来华学生总数的47.4%[①]。

---

① 教育部. 2016 年度我国来华留学生情况统计[EB/OL]. (2017 – 03 – 01)[2017 – 04 – 05]. http://www. moe. edu. cn/jyb_xwfb/xw_fbh/moe_2069/xwfbh_2017n/xwfb_170301/170301_sjtj/201703/t20170301_297677. html

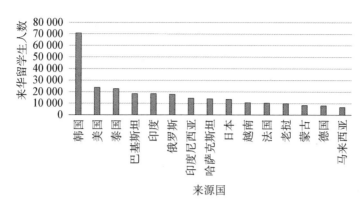

图 7 - 1　2016 年度来华留学生来源国 TOP15①

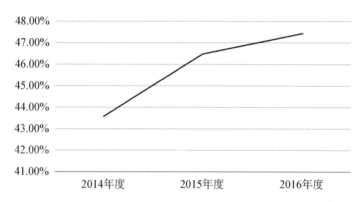

图 7 - 2　来华接受学历教育的外国留学生人数占比(2014—2016 年度)②

其次,从目前已有的全球性大学门户校园建设经验来看,门户校园之间良好的学生交流和项目合作,地区之间的交流和互动,往往是建设全球性大学的

————————

① 数据来源:教育部. 2016 年度我国来华留学生情况统计[EB/OL]. (2017 - 03 - 01)[2017 - 04 - 05]. http://www. moe. edu. cn/jyb_xwfb/xw_fbh/moe_2069/xwfbh_2017n/xwfb_170301/170301_sjtj/201703/t20170301_297677. html.

② 数据来源:教育部. 2016 年度我国来华留学生情况统计[EB/OL]. (2017 - 03 - 01)[2017 - 04 - 05]. http://www. moe. edu. cn/jyb_xwfb/xw_fbh/moe_2069/xwfbh_2017n/xwfb_170301/170301_sjtj/201703/t20170301_297677. html;教育部. 2015 年全国来华留学生数据发布[EB/OL]. (2016 - 04 - 14)[2017 - 04 - 05]. http://www. moe. edu. cn/jyb_xwfb/gzdt_gzdt/s5987/201604/t20160414_238263. html;教育部. 2014 年全国来华留学生数据统计[EB/OL]. (2015 - 03 - 18)[2017 - 04 - 05]. http://old. moe. gov. cn/publicfiles/business/htmlfiles/moe/s5987/201503/184959. html.

基本前提。大学开办海外分校,需要基于现有的国际合作,进行充分的可行性研究和评估,并同时确认新开设门户校园的必要性、可行性和持续发展模式。大学可以在现有国际合作的基础上,依托合作学校在当地的优势,考虑推动门户校园的进一步发展。

最后,在制定战略时,需要详细评估大学的优势和不足,明确重点区域和细分市场,使各门户校园的各项管理能围绕定位和发展策略进行运作。我国高校应设立本校的全球发展目标,并根据目标,进行各类活动选择,充分发挥门户校园所在地的本地特色优势。

(二) 建立一套运行有序的监管模式

对于一所大学来说,进行跨国办学的尝试,目的主要是提升大学的全球竞争力,提高大学的学术声誉。这是大学得以生存和发展必不可少的要素。因而,如何确保全球性大学系统内的办学质量相对一致,是全球性大学运营的关键问题。海外门户校园的治理机制可以确保大学这一目标的实现,并支持全球性大学未来的扩张发展。在大学内部的组织架构建设、人力资源开发、学术管理等方面,需要围绕战略规划和目标,建立一套有效运行的治理模式和权力约束管控机制,服务好门户校园,并使各门户校园能协同发展,达到共同的发展目标。

(三) 发挥人才智力优势

全球性大学的发展,归根结底需要依靠人才智力优势。全球性大学中的教职人员需要具有全球视野,熟悉大学整体发展目标,具备跨文化适应能力或者对本地文化等环境感兴趣,同时熟悉和精通当地法律文化和制度。全球性大学取得办学成功必须要获得当地学生、家长及社会各界人士的理解及支持。此外,要积极开发本地资源,平衡本部外派教师与当地聘用教师的地位,对本部外派人员的监管和学习职责定位也需要区分和明晰。

(四) 提升大学办学质量

目前,国外有学者对于中国大学的境外办学持不同态度。如波士顿学院国际高等教育专家菲利普·阿特巴赫对中国大学的这些境外办学尝试,就不抱积极态度。由于海外门户校园的建设是一件非常复杂、牵扯甚广、风险较大的事情,诚如本书前面章节中所阐述的那样,全球性大学体系涉及的关系非常复杂,受到全球政治经济文化、国家政策、地方合作等外部因素以及大学内部等各种因素和压力的影响及制约。阿特巴赫提出警告,他认为中国大学海外办学的步伐可能迈得太快了。他表示:"中国的顶尖大学在国内有足够的事情要做,它们没有必要扩张进入存在风险并且常常代价高昂的国外分校领域。最有利于提高中国在高等教育领域的全球影响力和声望的,是在国内强化其大学并向中国学生和更多海外学生提供'世界级'的教育。"阿特巴赫的忠告,其实表明了大学的全球化发展,首先是要练好"内功",即大学内部的学术管理和行政管理需要有序和持续发展,同时需要创新进取的精神,将全球化和国际合作置于大学的战略框架和行动中,不可急于求成。

国外另有一项研究表明,对于具有多年国家教育品牌的大学来说,建立全球性门户校园,对于大学的发展具有巨大推动力;而对于在教育系统内没有清晰国际声誉的大学而言,建立全球性门户校园,是一项风险极大的举措。这一冒险的行为,或许超出了大学的能力范围。

中国的大学作为高等教育国际化跨境教育的后发国家,如何依托自身的特色,探索发展中国特色的全球性大学之路,需要成为我们研究的课题。

三、关于未来中国教育对外开放趋势的思考

全球性大学这一继多元巨型大学模式之后的大学发展新范式,其形成与发展为我们展示了一幅大学发展的新图景。随着"一带一路"倡议的提出,相关政策沟通的完善,中国和周边国家的经贸合作日益推进,人才交流发展将越来越蓬勃,智力的流动将更加自由,以上趋势也引发我们对未来中国高等教育对外开放等方面的诸多思考。在全球性大学的视角下,中国高等教育对外开放的推进,在境内完善中外合作办学,支持全球性大学的发展,提升高等教育质量;在境外开设海外分校,构建中国特色的全球性大学网络,需要我们从政府、大学、学生三个层面去进行思考,并打开高等教育的全新发展篇章。

(一) 政府层面

1. 酝酿和出台相关法律法规,建立境外办学质量保障和评估机制

对于中国特色全球性大学的建设,国家需要鼓励第三方评估机构和中介力量参与,维护中国高等教育的质量和海外形象,保障大学和学生的权益,具体措施包括:建立遴选全球性大学的评估机制,建立和完善质量监控机制和退出机制;组织专家,根据各地的具体情况和实际需求,开展需求评估,遴选引入国外

大学,多样化发展;兼顾学科建设,立足全球,服务本地化需求。

2. 积极鼓励社会力量参加,形成多元化筹资方式

对于中国特色全球性大学的建设,国家需要通过建立基金会筹资、银行贷款等方式,为全球性大学的建设和发展提供资金来源。基金会的投资可以避免资产权属性质的模糊和争论。国家政策对捐赠基金会的企业等予以税收等各项政策优惠,可以引导社会氛围的形成。

3. 保持教育政策的相对稳定与连贯性,营造良好的政策环境

良好稳定的政策环境有利于全球合作项目的开展,有利于全球性大学的孵化,有利于大学全球竞争力的凝聚和扩散,对于一国的高等教育具有非常重要的意义。

从全球本地化的角度来看,全球性大学的校区既是全球性大学系统中的一个要素,同时也是一所独立的本地大学。根据本地经济等发展的需要,引进合适的国外优质教育资源,促进全球性大学开展本地研究,发挥人才集聚效应,可以带动本地高等教育的繁荣和成长,提升本地高等教育质量和全球化能力,并有利于本地语言和文化的推广。而本地经济和文化的发展,也有利于吸引更多拥有优质课程的海外大学。因而依托本地的发展和对于本地研究的鼓励,有利于发展大学与本地的良好关系,从而获得更多本地支持与资源。全球性大学鼓励研究主题本地化,并开展本地研究、关注和聚焦本地及区域的问题,服务本地。政府可以为吸引全球性大学门户校园制定一些优惠条件,比如在资产管理、税收以及人员出入境等方面给予全球性大学门户校园及其工作人员优惠和便利的待遇。

4. 鼓励开展全球性大学和跨境办学的相关研究

目前,我国已经出台中外合作办学管理办法等相关条例,然而各地政府对于全球性大学的监管仍然存在不足。在全球性大学办学监管方面,本地政府没有可以借鉴的经验,对于全球性大学的门户校园也没有合适的现有的框架去套用。比如,上海纽约大学,从独立法人角度来看,它是一所民办非企业,不属于营利机构。然而由于其跨国性的特点和大学内部治理的相对自主性,其监管又不同于普通的民办教育机构。上海市教委等地方管理机构已经积极推进相关研究。在全球性大学办学规制方面,我国还需要开展更多的研究,总结良好的管理经验并加以推广。

5. 鼓励大学自治，整合资源，多渠道支持全球性大学的发展

政府给予全球性大学在财务和学术课程等关键领域以充分的管理自主权，将有利于全球性大学的发展。全球性大学不仅提供高等教育的入学机会，也解决校园所在地区的社会经济和文化问题。国家或地方政府一方面需要对全球性大学各门户校园的资源设立最低可接受标准，另一方面，也可以整合大学的资源分配，进而解决全球性大学发展的问题。

（二）大学层面

1. 以全球化方式思考和规划，以本地化方式行动和融入

对于全球性大学来说，全球化的方式主要表现为课程和管理的标准与质量，相对可以采用全球一体化标准，并适当融入本地元素，同时增强全球合作，服务本地需求，建立与本地产业界、高教界的联系。无论是境内的中外合作大学，还是境外开设海外校区，都要充分考虑办学所在地的需求，争取本地对于大学的支持，依托本地获得发展。

大学所处当地的周围环境和经济发展水平对大学的发展具有重要影响。如果大学所处的城市和社区治安状况不佳，问题重重，安全无法保障，经济低迷，就会引起大学教职工士气低落，甚至一些优秀教师和学生都不愿意来工作和学习。为了留住优秀师生和进一步吸引世界一流教师和学生，大学与本地社区需要建立良好的互动关系。而良好的环境，发达的本地经济以及文化环境，是大学可持续发展的基础。全球性大学获得本地政府和产业界支持的可能性将提升。因而，大学需要与本地社区建立良好互动关系，谋求本地支持，共同发展。

2. 建立并发挥大学品牌优势

全球性大学拥有其他大学无法拥有的所有权优势，如独占的课程、师资、专利、品牌、声誉等无形资产。遍布全球的门户校区可以产生规模优势、区域优势、跨国性组织管理优势、文化优势等。全球性大学可以更多地实行全球协调，将其所有权优势分散至各门户校园，利用其独有的所有权优势帮助各门户校园在本地高等教育市场站稳脚跟，树立竞争优势，从而更多提升全球性大学的声誉，建立国际辨识度高的大学品牌优势，形成良性发展。

3. 建立以人为本的大学使命责任感，构建国际化的学习环境

大学始终需坚持以人为本的办学宗旨，借鉴世界一流大学的办学理念，积

极探索全球化背景下的人才培养模式,发展博雅教育,重视学生跨文化能力的培养。

4. 加强内部质量控制和评估

在国家层面的高等教育质量监管框架之外,全球性大学应积极从系统内部发展和演化出一套适合大学全球学术网络的质量控制体系。全球性大学的利益相关方众多,面临来自大学内部和外部的多重压力,全球性大学需要建立风险管理和防控体系。中国高等教育进一步加大对外开放的同时,大学需要确保教学质量、科研水平以及服务社会的能力的提升。

(三) 学生层面

1. 积极转变学习模式,构建批判思维和主动学习模式

全球性大学的海外校区中,学生面临的学习困难,除了语言的适应外,最主要是来自学习模式和风格的适应与转变。中国学生原有的学习风格和习惯,与西方式的引导教学以及主动学习的方式有所不同,这也常常是与外籍教师造成误解和跨文化冲突的原因之一。学生个体在学习中需要加强风格的转变,构建积极的主动学习模式,明确自己的需求,发展批判性思维,多加积累和借鉴,积极与教师和其他学生讨论,同时可以利用信息化等手段,获取学习资源、拓展学习渠道。

2. 注重全球公民的素养的养成

在如今全球化社会中,关注并致力于解决全球问题,关心本地社区发展并积极投入其中,提倡合作、保护环境等,是成为全球公民的必要素养。个体需要加强全球意识,做好准备并发展相关素养,以适应全球发展对于人才的要求。

3. 提升跨文化能力

跨文化能力的培养对于全球公民至关重要,也是促进各国各地区相互理解和合作的基础。全球性大学学生的多元化,为提升其跨文化能力提供了更多可能。而作为个体而言,需要加强认识,通过学习和更多沉浸于多元文化环境之中,拓宽文化视野,努力提升跨文化能力,促进合作与理解。

全球性大学的发展,目前仅经历了短短的几十年的发展历史,然而却已体现出一定的特色和在全球教育中的生命力。全球性大学的发展,需要更多力量加入并进行全方位的培育和支持,需要更多的学者加以关注和研究。在高等教育国际化的舞台上,全球性大学将占有一席之地。

参考文献

中文文献

[1] 克拉克·科尔. 大学的功用[M]. 陈学飞,陈恢钦,周京,等译. 南昌:江西教育出版社,1993.

[2] 白燕. 创办"全球性大学"——美国高等教育的国际教育与国际交流[J]. 国际人才交流,1999(9):40-41.

[3] 蔡连玉,宁宇,苏鑫. 将世界搬进课堂 创新国际化人才培养体系——访上海纽约大学校长俞立中[J]. 世界教育信息,2014(23):50-55.

[4] 蔡宗模. 论高等教育全球化范式[J]. 现代教育管理,2013(8):1-12.

[5] 查尔斯·哈斯金斯. 大学的兴起[M]. 梅义征,译. 上海:上海三联书店,2007.

[6] 陈桂芝,李景山. 试论经济全球化对社会主义发展进程的影响[J]. 理论前沿,2002(9):25-26.

[7] 陈历明. Glocalization 与一名多译[J]. 外国语文,2012(6):108-111.

[8] 单波,姜可雨. "全球本土化"的跨文化悖论及其解决路径[J]. 新疆师范大学学报(哲学社会科学版),2013(1):41-48.

[9] 杜燕锋. 美国高校海外分校:历程、现状与趋势[J]. 外国教育研究,2016(4):105-118.

[10] 郭卉. 全球化时代的大学教育与管理——第六届中日高等教育论坛综述[J]. 高等教育研究,2013(11):107-109.

[11] 国务院. 国务院关于印发统筹推进世界一流大学和一流学科建设总体方案的通知[EB/OL]. (2015-10-24)[2016-06-21]. http://www.gov.cn/zhengce/content/2015-11/05/content_10269.htm.

[12] 国务院. 中华人民共和国中外合作办学条例[EB/OL]. (2003-09-01)[2016-10-20]. http://www.crs.jsj.edu.cn/index.php/default/news/index/2.

[13] 国务院. 国务院办公厅关于开展国家教育体制改革试点的通知[EB/OL]. (2010-10-24)[2016-01-20]. http://www.gov.cn/zwgk/2011-01/12/content_1783332.htm.

[14] 哈罗德·塞金,林杰敏,阿瑞丹姆·巴塔查里亚. 全球性:后危机时代重塑商业的力量[M]. 肖亚男,译. 北京:东方出版社,2012.

[15] 汉斯·德维特,张顾. 国际化大学的定义与评估[J]. 世界教育信息,2015(19):15-38.

[16] 黄福涛. "全球化"时代的高等教育国际化——历史与比较的视角[J]. 北京大学教育评论,2003(2):93-98.

[17] 阿尔文·托夫勒. 第三次浪潮[M]. 黄明坚,译. 北京:中信出版社,2006.

[18] 蒋凯. 全球化时代的高等教育:市场的挑战[M]. 北京:北京大学出版社,2013.

[19] 蒋凯. 知识商品化及其对高等教育公共性的侵蚀[J]. 北京大学教育评论,2014(1):53-67.

[20] 教育部. 2016 年度我国来华留学生情况统计[EB/OL]. (2017-03-01)[2017-04-05]. http://www. moe. edu. cn/jyb_xwfb/xw_fbh/moe_2069/xwfbh_2017n/xwfb_170301/170301_sjtj/201703/t20170301_297677. html.

[21] 教育部. 2015 年全国来华留学生数据发布[EB/OL]. (2016-04-14)[2017-04-05]. http://www. moe. edu. cn/jyb_xwfb/gzdt_gzdt/s5987/201604/t20160414_238263. html.

[22] 教育部. 2014 年全国来华留学生数据统计[EB/OL]. (2015-03-18)[2017-04-05] http://old. moe. gov. cn/publicfiles/business/htmlfiles/moe/s5987/201503/184959. html.

[23] 金寒草,刘晓晶. 上海纽约大学美方校长接受本网专访 解读"办学密码"[EB/OL]. 上海教育新闻网,(2013-11-18)[2017-03-14]. http://www. shedunews. com/zixun/shanghai/gaodeng/2013/11/18/586997. html.

[24] 经济合作与发展组织. 教育概览 2012OECD 指标[M]. 北京:教育科学出版社,2012.

[25] 卡洛斯·托里斯. 新自由主义常识与全球性大学:高等教育中的知识商品化[J]. 许心,译. 北京大学教育评论,2014(1):2-16.

[26] 康瑜. 高等教育全球化:一个全球地方化视角的解读[D]. 上海:华东师范大学,2008.

[27] 柯政. "双一流"中的课程建设:上海纽约大学的启示[J]. 中国高等教育,2016(13):53-56.

[28] 希拉·斯劳特,拉里·莱斯利. 学术资本主义[M]. 北京:北京大学出版社,2014.

[29] 李爱华. 新加坡第一所外国大学分校关闭[EB/OL]. (2007-06-04)[2016-12-13]. http://news. sciencenet. cn/html/showsbnews1. aspx? id=181227.

[30] 联合国教育科学及文化组织. 反思教育:向"全球共同利益"的理念转变? [EB/OL]. 2015[2016-04-22]. http://unesdoc. unesco. org/images/0023/002325/232555c. pdf.

[31] 卢晶,王磊. 书评:《全球公共物品:21 世纪的国际合作》[J]. 上海经济研究,2006(12):130-132.

[32] 吕林海,郑钟昊,龚放. 大学生的全球化能力和经历:中国与世界一流大学的比较——基于南京大学、首尔大学和伯克利加州大学的问卷调查[J]. 清华大学教育研究,2013(4):100-107.

[33] 宁波诺丁汉大学. 2020 战略:资产管理和可持续发展[EB/OL]. [2017-01-26] http://www. nottingham. edu. cn/cn/about/strategy-2020/strategy-developmen-t/assets-management-and-sustainability. aspx.

[34] 宁波诺丁汉大学. 宁波诺丁汉大学 2016 届毕业生就业质量年度报告[EB/OL]. [2017-03-17]. http://www. nottingham. edu. cn/cn/careers/documents/宁波诺丁汉大学 2016 届就业质量年度报告-201612271. pdf.

[35] 诺丁汉大学. 2020 年全球筹略[EB/OL]. [2017-01-15]. http://www. nottingham. ac. uk/about/documents/gs2020-chinese-web. pdf.

[36] 皮特·斯科特. 高等教育全球化理论与政策[M]. 周情,高耀丽,译. 北京:北京大学出版社,2009.

[37] 钱静. 韩国仁川经济自由区的案例分析及启示[J]. 河南财政税务高等专科学校学报,2014(4):29-30.

[38] 厦门大学马来西亚分校办公室. 厦门大学马来西亚分校正式开学[EB/OL]. (2016-

02-22)[2017-02-15]. http://news. xmu. edu. cn/9f/66/c1550a171878/page. htm.

[39] 斯蒂芬·图普. 如何创建全球性大学——以加拿大不列颠哥伦比亚大学为例[J]. 世界教育信息,2014(4):17-21.

[40] 宋佳. 亚洲高等教育枢纽之争:路径、政策和挑战[J]. 外国教育研究. 2015(12):79-91.

[41] 苏雁,王阳. 老挝苏州大学:中国教育"走出去"的先行军[EB/OL]. (2016-09-28)[2017-02-15]. http://news. gmw. cn/2016-09/28/content_22193219. htm.

[42] 苏洋,赵文华. 世界一流大学发展海外分校的特征与启示[J]. 教育发展研究,2013(23):33-38.

[43] 谭志松. 多民族国家大学的使命:中国大学的功能及其实现研究[M]. 北京:民族出版社,2008.

[44] 仝菲. 阿拉伯联合酋长国现代化进程研究[M]. 北京:社会科学文献出版社,2013.

[45] 王芳. 耶鲁中国缘:跨越三个世纪的耶鲁大学与中国关系史 1850—2013[M]. 北京:新星出版社,2013.

[46] 王绍华. 海外分校的新动向及发展危机[J]. 铜仁职业技术学院学报,2012(3):27-29.

[47] 王洪才. 大学校长:使命·角色·选拔[M]. 上海:上海交通大学出版社,2009.

[48] 王英杰、陈洪捷,胡建华,等. 世界一流大学建设五人谈[J]. 华东师范大学学报(教育科学版),2016(3):1.

[49] 王英杰、刘宝存. 世界一流大学的形成与发展[M]. 太原:山西教育出版社,2008.

[50] 西蒙·马金森,石卫林. 全球知识经济中的高等教育[J]. 北京大学教育评论,2008,6(3):94-118.

[51] 向东春. 美国大学联盟的生成逻辑与运行特点[J]. 高等教育研究,2014(3):105-109.

[52] 新华社. 中共中央办公厅、国务院办公厅印发《关于做好新时期教育对外开放工作的若干意见》[EB/OL]. (2016-04-29)[2016-06-08]. http://www. gov. cn/home/201604/29/content_5069311. htm?from=groupmessage&isappinstalled=0.

[53] 新华网. 中国国民经济和社会发展第十三个五年规划纲要(全文)[EB/OL]. (2016-03-17)[2016-04-03]. http://www. china. com. cn/lianghui/news/2016-03/17/content_38053101_15. htm.

[54] 徐丹. 克拉克·科尔高等教育思想研究[M]. 长沙:湖南大学出版社,2007.

[55] 徐岚. 韩国大学国际化战略成效及启示[J]. 全球教育展望,2013(5):115-121.

[56] 徐小洲,郑英蓓. 韩国的世界一流大学发展计划:BK21 工程[J]. 高等工程教育研究,2006(6):99-104.

[57] 袁艺,华乐. 老挝苏州大学送别首批本科毕业生 会中文很抢手[EB/OL]. (2016-07-19)[2017-02-13]http://www. chinaqw. com/hwjy/2016/07-19/95794. shtml.

[58] 约翰·奈斯比特. 世界大趋势:正确观察世界的 11 个思维模式[M]. 魏平,译. 北京:中信出版社,2010.

[59] 张春丽. 世界大学校长论坛:教育国际化有标准吗?[N]. 光明日报,2011-08-19.

[60] 张继龙. 从规划文本到决策准则——《纽约大学 2031 年发展纲要》的内容及启示[J]. 高校教育管理,2015(1):71-75.

[61] 赵炬明. 建立高校治理委员会制度——关于中国高校治理制度改革的设想[J]. 中国高教研究,2014(11):1-7.

[62] 赵丽. 澳大利亚发展海外分校的实践与经验[J]. 全球教育展望,2014(8):74-82.

[63] 赵文华. 高等教育系统论[M]. 桂林:广西师范大学出版社,2001.

［64］ 赵中建,陈晨.大学与经济增长——来自第六届全球大学峰会的呼吁［J］.世界教育信息,2013(18):8-14.

［65］ 中国高等教育学会引进国外智力工作分会.大学国际化理论与实践［M］.北京:北京大学出版社,2007.

［66］ 中华人民共和国教育部国际合作与交流司.新加坡亚洲新南威尔士大学关闭［EB/OL］.［2016-12-13］.http://www.moe.edu.cn/s78/A20/A20_gggs/s8479/200705/t20070527_181198.html.

［67］ 驻韩国经商参处.松岛计划2017年前建成十所世界名牌大学［EB/OL］.(2014-05-15)［2016-12-06］.http://www.mofcom.gov.cn/article/i/jyjl/j/201405/201405-00587842.shtml.

外文文献

［1］ 10 international universities to open campuses in Sri Lanka ［EB/OL］. (2014-04-23)［2016-12-12］. http://twocircles. net/2014apr23/10_international_universities_open_campuses_sri_lanka. html♯. WE52PRv_rIU.

［2］ Altbach P G, Reisberg L, Rumbley L E. Trends in global higher education: tracking an academic revolution ［R］. France: the United Nations Educational, Scientific and Cultural Organization, 2009.

［3］ Becker R F J. International branch campuses: markets and strategies ［M］. London: Observatory on Borderless Higher Education, 2009.

［4］ Cai L, Hall C. Motivations, expectations, and experiences of expatriate academic staff on an international branch campus in China ［J］. Journal of Studies in International Education. 2016,20(3):207-222.

［5］ Cross-Border Education Research Team. C-BERT branch campus listing ［EB/OL］. (2015-10-15)［2016-01-27］. http://globalhighered. org/branchcampuses. php.

［6］ Cross-Border Education Research Team. Educational hubs ［EB/OL］. (2016-11-09)［2016-11-29］. http://cbert. org/?page_id=32.

［7］ Egle Girdzijauskaitea A R. International branch campus: framework and strategy ［J］. Procedia-Social and Behavioral Sciences, 2014(110): 301-308.

［8］ Eric T. Think you belong on the world stage? think again ［EB/OL］. (2003-11-28)［2016-01-20］. https://www. timeshighereducation. com/news/think-you-belong-on-the-world-stage-think-again/181525. article.

［9］ Gore T. Higher education across borders: models of engagement and lessons from corporate strategy ［EB/OL］. (2012-04-18)［2016-10-20］. http://www. obhe. ac. uk/documents/view_details?id=895.

［10］ Gunn A, Mintrom M. Global university alliances and the creation of collaborative advantage ［J］. Journal of Higher Education. Policy and Management, 2013, 35(2): 179-192.

［11］ Healey N M. The challenges of managing an international branch campus: an exploratory study ［D］. Bath : University of Bath, 2015.

［12］ Hughes R. Strategies for managing and leading an academic staff in multiple countries ［J］. New Directions for Higher Education,2011(155):19-28.

［13］ ICEF Monitor. Little-known aspiring education hubs ［EB/OL］. (2012-08-23)

[2016 - 11 - 29]. http://monitor. icef. com/2012/08/little-known-aspiring-education-hubs/.

[14] Jr. Manzke R J. Attributes of innovative global citizenship programs at Mid-Sized Public Universities [D]. University of Wisconsin-Madison, 2015.

[15] Kaul I, Grunberg I, Stern M. Global public goods: international cooperation in the 21st century [M]. Oxford: Oxford University Press, 1999.

[16] Knight J. International education hubs student, talent, knowledge-innovation models [M]. Dordrecht: Springer, 2014.

[17] Knight J, Morshidi S. The complexities and challenges of regional education hubs: Focus on Malaysia [J]. Higher Education, 2011, 62(5):593 - 606.

[18] Lane J E, Kinser K. Multinational colleges and universities: leading, governing, and managing international branch campuses [M]. Jossey-Bass, 2011:1037 - 1077.

[19] Lane J E. Global expansion of international branch campuses: managerial and leadership challenges [J]. New Directions for Higher Education, 2011(155):5 - 17.

[20] Lane J E, Kinser, K. Five models of international branch campus ownership [J]. International Higher Education, 2012, 70:9 - 11.

[21] Lien D, Wang Y. The effects of a branch campus [J]. Education Economics, 2012, 20 (4):386 - 401.

[22] Marginson S, Rhoades G. Beyond national states, markets, and systems of higher education: a glonacal agency heuristic [J]. Higher Education, 2002, 43(3):281 - 309.

[23] Menashy F. Education as a global public good: the applicability and implications of a framework [J]. Globalisation, Societies and Education, 2009, 7(3):307 - 320.

[24] Morrow C, Taylor J, Barsoum S. Mobility across NYU's global network report of findings [EB/OL]. (2016 - 03 - 10)[2016 - 11 - 03]. http://www. nyu. edu/content/dam/nyu/provost/documents/faculty-global-network/GlobalMobility3. 22. 16. pdf.

[25] NYU. Global seed grants for collaborative research [EB/OL]. [2016 - 10 - 31]. http://www. nyu. edu/faculty/faculty-in-the-global-network/global-collaborations. html.

[26] NYU. Global University [EB/OL]. [2017 - 01 - 20]. http://nyuad. nyu. edu/en/about/global-network. html.

[27] Oder N, Blumenstein L, Hadro J, et al. Abu Dhabi won't digitize all of NYU's library [J]. Library Journal, 2009, 134(19):12.

[28] OECD. Education at a glance 2012: OECD indicators [M]. Paris: OECD Publishing, 2012.

[29] Office V A. Universities: 2015 audit snapshot [EB/OL]. (2016 - 05 - 26)[2017 - 01 - 24]. http://www. audit. vic. gov. au/publications/20160526-Universities/20160526-Universities. pdf.

[30] Parrott J. Communication and collaboration in library technical services: a case study of New York University in Abu Dhabi [J]. New Review of Academic Librarianship, 2016, 22(2 - 3):294 - 303.

[31] Redden E. Global ambitions [N]. Inside Higher ED, 2013 - 03 - 11.

[32] Setswe G. Private higher education in Africa: the case of Monash South Africa [J]. Africa Education Review, 2013, 10(1):97 - 110.

[33] Shams F, Huisman J. Managing offshore branch campuses: an analytical framework

for institutional strategies [J]. Journal of Studies in International Education, 2012,16 (2):106 - 127.

[34] Shanghai NYU. Self-designed honors major (SDHM) [EB/OL]. [2017 - 02 - 16]. https://shanghai. nyu. edu/academics/majors/sdhm.

[35] Spangler M S, Tyler A Q. Identifying fit of mission and environment: applying the American community college model internationally [J]. New Directions for Higher Education,2011(155):41 - 52.

[36] Stanfield D A. International branch campuses: motivation, strategy, and structure [D]. Boston: Boston College, 2014.

[37] Wilkinsa S, Balakrishnanb M S, Huisman J. Student satisfaction and student perceptions of quality at international branch campuses in the United Arab Emirates [J]. Journal of Higher Education Policy and Management, 2012,34(5):543 - 556.

[38] Torres C A. Global citizenship and global universities: the age of global interdependence and cosmopolitanism [J]. European Journal of Education, 2015, 50 (3):262 - 279.

[39] U. S. Department of Education. First in the world [EB/OL]. (2016 - 05 - 17)[2016 - 11 - 15]. https://www2. ed. gov/programs/fitw/funding. html.

[40] Nationalisation V J. Localisation and globalisation in finnish higher education[J]. Higher Education, 2004,48(1):27 - 54.

[41] Wilkins S, Huisman J. Student recruitment at international branch campuses: can they compete in the global market? [J]. Journal of Studies in International Education, 2011,15(3):299 - 316.

[42] Wilkins S, Huisman J. The international branch campus as transnational strategy in higher education [J]. Higher Education, 2012,64(5):627 - 645.

[43] Wilkins S. 'Home' or away? The higher education choices of expatriate children in the United Arab Emirates [J]. Journal of Research in International Education, 2013, 12 (1):33 - 48.

[44] Wilkins S. Who benefits from foreign universities in the Arab Gulf States? [J]. Australian Universities' Review, 2011,53(1):73 - 83.

[45] Lawton W, Katsomitros A. International branch campuses: data and developments [EB/OL]. (2012 - 01 - 12)[2015 - 12 - 28]. http://www. obhe. ac. uk/documents/ view_details?id=894.

[46] Yorke H. Oxford University may break with 700 years of tradition and open a foreign campus-after France offers Brexit sweetener [EB/OL]. (2017 - 02 - 20)[2017 - 03 - 08]. http://www. telegraph. co. uk/education/2017/02/19/exclusive-oxford-unive-rsity-set-break-700-years-tradition-open/.

[47] Zha Q. What factors influence the direction of global brain circulation: the case of Chinese Canada Research Chairholders [J]. Compare: A Journal of Comparative and International Education,2016,46(2):214 - 234.

　　终于有了给本书写后记的机会，很是珍惜，也颇多感慨。本书是由我在博士论文基础上修改完成的。在本书即将付梓之际，回首长达八年多的攻读博士生涯，作为一名在职博士生，以及家有年幼两宝的妈妈，真是不易。

　　在整个过程中，导师赵中建教授是我最需要感谢的人。赵教授始终非常理解和关心我，总是希望我能平衡好学习、工作和生活这三者的关系。在我迷茫于论文选题和构思时，是导师给我启发并指明了方向。导师对于学术前沿的敏锐视野，以及学术的丰厚积淀，给予我许多帮助，尤其是选题确定、资料获取、框架修改等方面，为我论文的成型提供了莫大帮助。可以毫不夸张地说，没有导师的大力帮助，就不会有我论文的形成，也就不会有本书的完稿。此外，导师的幽默和乐观，以及亲和的人格魅力，也感染和激励着我的日常工作和生活。在此，很高兴有这个机会向导师表示崇高的敬意和最真诚的感谢！

　　在攻读博士期间，还得到了众多老师和同学的关心、指导和帮助。上海师范大学的张民选教授，华东师范大学的黄志成教授、彭正梅教授、王斌华教授、韩映雄教授、宁本涛教授，国家教育发展研究中心熊建辉研究员，浦东干部管理学院的李冲锋教授等在本书撰写和完善方面给我提出了很多专业和中肯的意见，他们的肯定和鼓励，给予了我学术探索的勇气；上海纽约大学俞立中校长、汪小京副校长、丁树哲校助、郭纬、徐萍、李慧媛、李媛媛、郭昊、彭汉智、陈春红等老师和朋友为我提供了非常多的上海纽约大学的一手资料,他们的信任和友情为我开展书中访谈提供了诸多便利。我的外甥女也是我要特别感谢的人,她在繁重的学业中牺牲闲暇时间,以她扎实的语言功底和认真的工作态度,为我书中的访谈转录做了很多基础性工作。我工作单位的领导和同事们也给予我莫大的鼓励和帮助,特别感谢嵇谓萍、沈伟敏、黄苏茂、张丽君、林丽婧等人,在我写作的收尾阶段,帮我承担了许多行政方面的工作,并一直鼓励我。此外,同门王新燕、卓泽林、龙玫也曾多次给予我精神上的鼓励和支持,蒋瑾、陈恒芬老师为了让我尽快顺利地完成写作相关工作,承担了许多烦琐的工作。

最需要感谢的人,还有我生命中最重要和我最看重的家人们。感谢我先生以实际行动支持我的写作,主动承担起两宝的照顾和陪伴,成长为朋友点赞最多的奶爸!感谢大女儿的懂事和理解,虽然每天仅有短短的早上吃早餐时间的相处,然而她却知道妈妈正在做一项非常重要的"作业"。在得知妈妈书稿完成消息时,比妈妈还高兴,并且给了我一个大大的有力的拥抱。她轻轻的一句"妈妈以后终于可以陪我了",触动了我的心弦。其实对于小女儿,很是愧疚,有一段时间基本没有时间见面,早上离开家上班时她还没有起床,晚上回家时她已经睡着了。还好二宝的独立能力相对强一些,虽然调皮了一点,但也算是平平安安地度过了这段时光。因而更要感谢公婆对于家庭的照顾和付出,并且一直对我宽容和给予默默的支持。还要感谢姐姐和姐夫的支持和鼓励。

需要感谢的人太多,还有很多朋友同事,在此就不一一列举了,太多人给予了我鼓励和支持,我将始终心存这份感恩和感激,在学术道路上继续摸索行进,将学校和导师、朋友给予我的这份厚爱,分享和传递给更多的人。

郦 妍

2023 年 5 月于上海